『安邦武将』系列

ZHONGXIAO-SHUANGQUAN
YUEFEI

忠孝双全 岳 飞

姜正成 / 编著

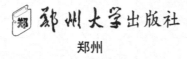

郑州大学出版社

郑州

图书在版编目（CIP）数据

忠孝双全——岳飞 / 姜正成编著 . —郑州：郑州
大学出版社，2018.1
（安邦武将）
ISBN 978-7-5645-4250-4

Ⅰ . ①忠… Ⅱ . ①姜… Ⅲ . ①岳飞（1103—1142）
- 传记 Ⅳ . ① K825.2

中国版本图书馆 CIP 数据核字（2017）第 078745 号

郑州大学出版社出版发行
郑州市大学路 40 号   邮政编码：450052
出版人：张功员   发行部电话：0371-66658405
全国新华书店经销
虎彩印艺股份有限公司印制
开本：710 mm×1 000 mm 1/16
印张：15.5
字数：208 千字
版次：2018 年 1 月第 1 版   印次：2018 年 1 月第 1 次印刷

书号：ISBN 978-7-5645-4250-4 定价：43.80 元
本书如有印装质量问题，请向本社调换

 # 前　言

　　"青山有幸埋忠骨，白铁无辜铸佞臣。"这副有名的楹联用泣血的语言诉说着一段千古奇冤，饱含着世人对秦桧的厌恶，同时也悲鸣着一代名将的陨落。它所歌泣的就是本书的主人公岳飞。

　　岳飞以一种传奇的色彩降落于世，注定了他的不平凡，在人们的心中他是神鸟的化身，是忠义的象征，他就是为了挽救千千万万沦落在水深火热的人民而生。他是一个不朽的神话。

　　岳飞出生在中国北部的一个农民家庭，沉重的农活使得他从小对农民的艰难深有体会，也让他的性格质朴浑厚。生活中的磨难和经历成了他一生中最为宝贵的财富。

　　少年时候的岳飞勤奋好学，当一个惊天动地的祸变降临到他的身边时，要保卫国家、保卫家乡、拯救万千同胞的强烈愿望在他心中滋长，渗入他的血液，使他勇往直前。

　　为了能够实现愿望，他一次又一次怀揣着行囊，离开亲人，加入行军的队伍当中，他舍生忘死，一次次浴血奋战，他不计荣辱，一次次走在抗金的前线，他将满腔的爱国情愫化为一首壮志的《满江红》，他唯一的心愿就是抵御金寇，收复失地，迎回二圣，维护宋朝的尊严。

　　岳飞以杰出的军事才能，率领岳家军进行了大大小小数百次的战斗，他所率领的军队英勇抗金，不仅维护了南宋的社会稳定，而且也

激发了南宋爱国人士的抗金斗志。他缔造的岳家军军纪严明，所向披靡，令金人闻风丧胆，金军曾经哀叹"撼山易，撼岳家军难"。他以卓越的军功，在不到十年的时间里，位至将相，成为最为突出的青年将领，成为南宋抗金斗争的中流砥柱。

公元 1140 年，岳飞挥师北上，势如破竹，取得了节节胜利，北渡黄河指日可待。可恨的是南宋有一个软弱无能的皇帝，十二道撤军的金牌像箭雨一样刺在岳飞的心头，岳飞悲痛至极，不禁仰天高呼：十年心血，毁于一旦！这是多么无力的呼喊啊！可见岳飞的心中是多么悲痛。

在抗金的民族斗争中，岳飞不仅是一个伟大的民族英雄，更是一个谏臣，他坚决反对宋高宗的议和政策，甚至当面斥责秦桧"谋国不臧（善），恐贻后世讥"，从而遭到秦桧的记恨。他愤怒的呼声没有唤醒高宗，反而加深了高宗对他的猜忌和怨恨。

为了向金国屈膝投降，高宗不惜舍弃一直以来用性命维护南宋江山的岳飞，他睁一只眼，闭一只眼，任凭秦桧这个佞臣以"莫须有"的罪名将岳飞残酷害死。

岳飞戎马一生，最终却带着收复河山的壮志含恨而去，他那坚贞不屈的气节和坚决反对压迫的精神，成为世人的榜样。

本书为您展开了岳飞一生的广阔画卷，将岳飞叱咤风云的壮丽画面按照历史的面貌一一展开，让您更加详细地了解这位"精忠报国"的民族英雄。

忠 孝 双 全

第一章 英雄少年

伴随着一场浩浩荡荡的洪水，小英雄岳飞出世了，他的出生带着浓厚的传奇色彩。这个大难不死的孩子从小就吃尽了苦头，他天资聪颖，勤奋好学，博得了师傅的喜爱。虽然年少，但是已经在同伴当中崭露头角，"枪挑小梁王"更是让他名声大噪。艰苦的环境不仅磨炼了他的意志，也让他坚定了报国的决心。好男儿志在四方，在父母亲的鼓励之下，年少的他踏上了报国之旅。母亲的教诲时刻记在心中，背上的"精忠报国"四个字熠熠生辉。

第二章 从军报国

虽然他怀抱着满腔的爱国热情，一心想要杀敌报国，但是，从军之旅并不是那么容易的。他辗转行走在军旅的边缘，一次、两次、三次，锲而不舍地追逐着自己的梦想，终于凭借招安吉倩的功劳，赢得了刘浩的赞赏，从此展开了他的壮丽的军事画卷。战场之上面对浩浩荡荡的敌军，他从来没有退缩，顽强地同金人进行殊死的搏斗，在此结识了生命中的又一个贵人张所。杜充的叛国，更是给了他一个独当一面抗金斗争的机会。

第三章 英勇岳家军

岳家军的初建，更是增强了岳飞抗金的信心，但是最初的环境并不像他想象得那么好。金人的军队像决了堤的洪水一样席卷而来，宋高宗的逃亡使军心浮动，将士们深感前途渺茫。他靠着坚定的意志和满腔的爱国热情，一次次鼓舞着士气，度过了缺粮少衣的寒冷冬季。他带领着自己的军队神勇地平定了一方的土匪，同时也招纳了一批爱国的义士，壮大了岳家军，使之成为一支英勇的队伍。

第四章 收复襄阳

从 12 世纪 20 年代到 30 年代后期，岳飞以自己杰出的军事才能，率领岳家军进行了大大小小数百次的战斗，对内平息了一大批的流寇、土匪，对外严重地打击了侵略者嚣张的气焰，收复了襄阳，保卫了南方的社会生产活动，极大地鼓舞了军民的抗金斗志。在不到十年的时间里，他就用自己的军事实力打响了岳家军的名号，成为抗金斗争四大将领中最为年轻的青年将帅，成为南宋抗金斗争的中流砥柱。

第五章 抗金复国

他时刻没有忘记自己的愿望是收复宋朝失去的大好河山，迎回还在金朝囚禁的"二圣"，在此期间他加紧对自己军队的军事练习，同时不断地上书，请求高宗进行北伐。第一次北伐之后，他的母亲不幸病逝，岳飞是个忠孝之人，这对他的打击十分沉重，伪齐将领王威又乘机攻陷唐州。因形势所迫，岳飞不得不拖着因悲伤而消瘦疲乏的身体，回到了战场，因他在战斗中出色的表现赢得了高宗的信任，同时也埋下了祸根。

第六章 赵构求和

眼看着岳家军节节胜利，软弱的高宗却一再退缩，他像得了"恐金症"一样的惧怕金人。同时随着岳家军的日益壮大，高宗开始猜忌岳飞，君臣之间产生了严重的隔阂。高宗为了维护自己的地位，不惜低下自己尊贵的头颅，向金人俯首称臣，虽然朝野上下反对议和的呼声不绝于耳，但是高宗已经完全麻痹了，最终还是决定同金人签订丧权辱国的条款。

第七章 千古绝唱

　　面对岳飞的岳家军，金人还是有着一定的畏惧的，为了达到牵制南宋的目的，金人让奸诈的小人秦桧不断在高宗面前谗言。软弱的高宗听信了秦桧的谗言，最终以"莫须有"的罪名处置了岳飞。让人悲愤的是，抗金英雄不是死在战场，而是死在小人之手，岳飞带着自己光复疆土的宏愿含恨而逝！

第一章

英雄少年

伴随着一场浩浩荡荡的洪水，小英雄岳飞出世了，他的出生带着浓厚的传奇色彩。这个大难不死的孩子从小就吃尽了苦头，他天资聪颖，勤奋好学，博得了师傅的喜爱。虽然年少，但是已经在同伴当中崭露头角，『枪挑小梁王』更是让他名声大噪。艰苦的环境不仅磨炼了他的意志，也让他坚定了报国的决心。好男儿志在四方，在父母亲的鼓励之下，年少的他踏上了报国之旅。母亲的教诲时刻记在心中，背上的『精忠报国』四个字熠熠生辉。

 英雄诞生

　　岳飞（1103—1142），字鹏举，汉族，北宋相州汤阴县永和乡孝悌里（今河南省安阳市汤阴县菜园镇程岗村）人。中国历史上著名的战略家、军事家、民族英雄、抗金名将。岳飞因其军事方面的才能被誉为宋、辽、金、西夏时期最为杰出的军事统帅、联结河朔之谋的缔造者。同时又是两宋以来最年轻的建节封侯者，南宋中兴四将（岳飞、韩世忠、张俊、刘光世）之首。

　　关于英雄岳飞的诞生有许多神奇的童话，据《岳飞传》记载："飞生时，有大禽若鹄，飞鸣室上，因以为名。未弥月，河决内黄，水暴至，姚母抱飞坐瓮中，冲涛及岸得免，人异之。"就是说小岳飞出生的时候，有一只像鹄一样的大鸟在屋顶上盘旋，因此父母给他取名为"飞"。岳飞的出生带着一股神秘的色彩，被赋予了天赐的神圣光环，实际上这也只是后人出于对岳飞的敬仰才编出的神话，鹄是天鹅的一种，是一种圣洁的鸟，用来象征岳飞气节不凡，忠贞高洁。

　　在小岳飞还没有满月的时候，由于黄河决堤，家乡发生了洪水，为了逃生，岳飞的妈妈抱着他坐在瓮中在水上漂流，幸运的是，他们被水冲到了岸上，才免于一死，邻里们见这孩子大难不死都很惊讶，觉得这个孩子将来一定会成大器。

　　还有一个关于岳飞诞生的神奇传说：岳飞是张飞投胎转世，是忠

义的象征。冯梦龙《喻世明言·游酆都胡毋迪吟诗》载："岳飞系三国张飞转生，忠心正气，千古不磨。一次托生为张巡，改名不改姓；二次托生为岳飞，改姓不改名。"清古吴墨浪子《西湖佳话》卷七《岳坟忠迹》载：岳母生他的时节，梦见一个金甲红袍，身长丈余的将军，走进门，大声道："吾乃汉朝张冀德也，今暂到汝家。"说毕，即时分娩，父亲因此就为他取名为飞。备录民间神道传说的《历代神仙通鉴》载：宋徽宗时，关羽现于宫中，帝问张飞何在？羽曰："飞与臣累劫为兄弟，世世为男子身，在唐为张巡，今已为陛下生于相州岳家。他日辅佐中兴，飞将有功。"相州汤阴岳和，存心宽厚，妻姚氏尤贤。有娠昼寝，一铁甲丈夫入曰："汉冀德，当住此。"醒产一子，有大鸟若鹄，飞鸣屋上。实际上这些轮回之说，只是人们的一种善良的愿望而已。

不管哪一个故事是事实，我们可以确定的是，英雄的诞生不但充满了传奇的色彩，而且自诞生起人生之路就比较坎坷。但正是这种坎坷之路塑造了一个顶天立地的男子汉。

岳飞的父亲岳和重义气，为人善良、忠厚。尽管家里的生活境况不好，但看到谁家有难，他宁可自己节衣缩食，也要济人之困、热情相帮。父亲的这种美德，给少年时代的岳飞留下了深刻的印象，影响了他的一生。可以说岳飞生在了一个虽然比较贫困，但是相对和睦的家庭。这对他良好品格的形成也有着很大的帮助。

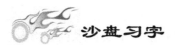 **沙盘习字**

　　岳和这一家，本是个自给自足的中等农民家庭，但不幸的是无情的洪水淹没了他们的农田，家产损失极其严重，从此沦为佃户，全家的生活立刻就变得捉襟见肘。几年以后，岳飞添了一个弟弟岳翻，家计就更加艰难了。这时候的岳飞虽然年幼，但是已经担当起了家庭的一部分责任，他很小的时候就跟随父亲下地劳动，挖土、打柴……沉重的农活使得他对农民的艰难深有体会，也让他的性格变得质朴浑厚。这影响了他的一生。

　　岳和夫妇在晚年喜得两个男孩，但是，他们从不放纵孩子，而是"鞠育训导"，既有温暖的抚爱，又有严厉的管教。姚氏作为慈母，更是深明大义，克尽己责。

　　少年的岳飞，从他能够劳动之日起，就经常到野地里去拾柴割草，供烧饭和饲养牲畜之用。小岳飞非常喜欢读书，每到晚上便缠着母亲教自己读书认字，并讲述一些历史上英雄人物的事迹。岳飞的记忆力很强，理解力也不凡，凡他读过的书和听过的故事，不但能牢记不忘，而且也能从中体会出某些道理。

　　可由于家里实在太穷，根本就买不起笔墨纸张，所以没有办法写字，这一度让小岳飞十分伤心，岳母对于孩子的勤奋看在眼里，记在心上，为了能给岳飞买笔墨纸张，岳母常常不分昼夜地做针线活，希望能够多攒一点钱给小岳飞买纸和笔。

　　为了减轻母亲的负担，小岳飞经常帮助母亲上山砍柴，换钱贴补家用。有一天，天快黑了，很多孩子在一起玩游戏，他们远远看见岳飞背着一捆柴火下山来了，就喊他过来一起玩。岳飞看见朋友们用树枝在地上画格子做游戏，受到了很大的启发，于是匆忙地告别了朋友们，赶回家中。

　　岳飞回到家中之后便迫不及待地告诉母亲自己有了纸和笔，母亲很是迷惑，小岳飞赶忙从家中拿出簸箕端了满满一簸箕沙土，然后把沙土倒在地上弄平，拿着柳条在沙土上画着，并告诉母亲：这样我就可以写字了！

　　自此之后，岳母便经常在空暇的时间用树枝教小岳飞练字，小岳飞非常珍惜时间，经常是同伴在玩的时候，他在家里刻苦地练习写字，写完了抹平沙子之后重新开始。经过刻苦练习，岳飞的学识不但有了很大的长进，而且练就了一手刚劲有力的好字。

学习兵法、枪法

　　岳飞少年时性情沉稳，不爱说话，但是他非常勤奋好学，特别喜欢读书，尤其是读一些关于兵法的书，如《孙子兵法》、孙膑及吴起的兵法之类的书籍。那些卷帙浩繁的史实、变幻莫测的兵法，像是一个个神奇的迷宫，深深地吸引着他那幼小的心灵。

由于家境贫寒，在长期的艰苦劳动中，岳飞自小便得到了很好的锻炼，他意志坚强，身体强壮，力气很大。十几岁的时候就创造了能挽弓三百斤的纪录，这在宋代几乎是最高的纪录。在那个兵荒马乱的年代，年轻人都愿意抽空练习武艺，立志要戎马沙场，保家卫国。

岳飞的外公姚大翁非常喜欢自己的小外孙，姚大翁在当地是个远近闻名的秀才，称得上是见多识广，了解到小外孙的状况之后，心里也十分着急。家里的兵书有限，小岳飞自小便聪明神武，书中的内容是读完了，但是要想真正地拥有带兵打仗的能力，就必须有一个老师言传身教，才能将书中的理论性的内容转化为实践。于是姚大翁便想到了当地著名的枪师陈广。

陈广的枪耍得出神入化，每当他练枪的时候，附近的孩子都会跑到他家，爬上墙头，偷偷地看他练枪。小岳飞自然也在其中，时间长了，陈广发现其他孩子都在看自己的脸和手，只有岳飞盯着枪尖，眼神死死地跟着枪尖走。

枪是由矛演变而成的。早在旧石器时代晚期，"河套人"就已经开始制作和使用矛了。这是人类最早使用的武器之一，最早是用于打猎。和矛一样，枪是古代战场上使用最广的长形刺兵。不管是历史上，还是小说中，用枪的人数不胜数，它灵活多变，如果和战马配合使用就更加绝妙。古代很多将领都青睐长枪，如赵子龙、罗成、杨宗保、戚继光等。

为了能够学好枪法，岳飞自己在家里做了一把木枪练习击刺。但是没有老师的指导，遇到一些不懂的地方，岳飞就着急了。岳飞也曾带着自己家的豆子，去找枪师陈广，请陈广收自己为徒。但是陈广拒绝了这个小毛孩，这使小岳飞很是沮丧。

外公的到来让小岳飞很是高兴，之后姚大翁和岳母便带着岳飞前去拜见陈广，但是陈广却没有收他，后来陈广的父亲走了出来，对陈广说："这是岳和的儿子，岳和为人忠厚，他的儿子学枪，肯定不会作恶的。"

陈广起初没有吭声，只是上上下下打量着岳飞，然后拉过岳飞的手，摸了摸岳飞满手掌的老茧，捏了捏岳飞的胳膊，握了握岳飞厚实、发达的胸肌，又在岳飞肩膀上用力拍了拍，觉得小岳飞是个练武的好苗子，于是便微微地点了点头，眼神中有掩饰不住的赞赏。

之后小岳飞便名正言顺地成为陈广的弟子。为了进一步开发岳飞的潜力，陈广在收岳飞为弟子的第二天就加紧了对岳飞的训练。

陈广把岳飞带到了一个自己平时独自练武的僻静场院，拿来一根碗口粗的乡下庄户人家夜间用来顶门的木棍，交给岳飞，叫他单手持其一端平举着。

见岳飞毫不费力，陈广又在棍子的另一端系上三块砌城墙用的大青砖，他见岳飞若无其事的样子，又在棍梢小心地放上一个装满水的酒壶。

岳飞虽然感觉师傅的举动怪异，但是初来乍到，拜师学艺，也不敢多问。陈广似乎看透了小岳飞的心思，于是便告诉他，自己这样做是为了锻炼他的腕力，为了能够使手腕的力量和手臂的力量更好地结合起来。

陈广还告诉他，习武之人不能像牛马那样使用蛮力，而应像小小蚂蚁那样巧妙地使用力量，只有将臂力与腕力巧妙地结合，才能将一杆枪使得出神入化，宛若天马行空、蛟龙翻海，达到事半功倍的效果。

岳飞听从陈广的教诲之后，学得更加卖力了，陈广很快就喜欢上了这个勤学苦练的孩子。没过多久，岳飞便掌握了枪法的精髓，将枪舞动得出神入化，后来岳飞的枪法非常精准，点谁击谁，一县之中，无人能敌。岳飞深得枪之技击的精髓，他将所有力量都聚在枪尖，力度之大，能击穿铁墙；范围之广，能攻击十米之外的敌人。敌人根本不能靠近他的身体，大有青出于蓝而胜于蓝的气势。

名师遇高徒

　　岳飞家的隔壁是当地王员外家的学堂，王员外有个不争气的儿子，叫王贵。王员外请了一个私塾教师教儿子读书写字，同王贵一起读书的还有张显和汤怀，他们分别是王员外的好友张达、汤文仲的儿子。王贵、张显、汤怀都是富家子弟，他们不但不专心读书，还整天在学堂里舞枪弄棒，欺负老师，把学堂闹得鸡犬不宁。王员外接连请的先生被这三个顽童整得焦头烂额，最后都纷纷自动辞职，从此没人敢再来接这个"烫手山芋"。王贵没有老师管教之后，更加肆无忌惮了，常常四处惹事，搞得鸡犬不宁，由于夫人护着孩子，王员外也拿他没辙，每天看见自己的儿子就一肚子闷气，寝食难安。

　　有一天，王员外家里来了一个故交，叫周侗，周侗本是少林派谭正芳的弟子，文武双全。周侗有两个徒弟，一个是玉麒麟卢俊义，一个是豹子头林冲，但都被奸臣陷害。由于家中妻子早已过世，儿子又死于抗辽战争中，周侗本想投奔留在汴梁的一位老友，谁知老友得罪了奸党，被人陷害要充军到边疆，因此才改变计划，回到老家。在老家，他买了几亩田地，叫人耕种着，这次出门收租，正好途经麒麟村，于是顺便来看看王员外等故交。

　　周侗曾经得到包拯赏识，在军中担任教官，并在东京担任过御拳馆教师，但是由于他主张抗辽抗金，因此在朝中屡受打压，郁郁不得志。王员外听说周侗来访心中甚是欢喜，有意让周侗担任王贵、张显和汤怀他们三人的老师，却担心儿子顽皮，害怕得罪了周侗。但他实在是苦于儿子无人管教，于是开口询问周侗是否愿意留下来教育王贵，没想到周侗竟然爽快地答应了。

周侗担任王贵、张显和汤怀三人的教师之后，三个顽童还是顽性不改，试图再次将老师赶走，因此私下准备了一些家伙，企图给老师一个下马威。谁知道周侗是个习武之人，不但没有受到他们的威胁，反而狠狠地惩治了他们一顿，用戒尺把王贵打得嗷嗷大叫，自此之后，学堂才得以宁静了。

岳飞雕像

这就给隔壁的岳飞创造了一个良好的环境，每天周侗给王贵他们上课的时候，岳飞便爬在墙上偷偷地听，周侗讲的每一句话，岳飞都牢牢地记在心里。

有一次周侗有事外出，给三个顽童出了三道考题，命令他们在自己回来之前答完。王贵、张显、汤怀看了题目之后都急得团团转，最后王贵想到了隔壁的小岳飞，于是就把小岳飞搬来解救他们。刚开始岳飞坚决不从，三人知道岳飞平时还要砍柴、帮助妈妈打理家务，于是将他反锁在私塾，不解题就不放他出来，岳飞无奈只好将他们三个的题一一解答。

周侗回来之后看到答卷吃了一惊，感觉不像是三人所答，于是审问三人，最后在武力的逼迫下，三人才道出事情的真相。周侗正要再问，抬头看见墙上有几行字，笔迹未干，细细一读，不仅语法通顺，而且抱负不小，再看落款"七龄幼童岳飞偶题"，心想：小小孩童，能有如此远见，孺子可教。便命王贵去把岳飞找来。

　　小岳飞刚开始忐忑不安，以为自己要挨打了，谁知道进了学堂之后，周侗不但没有发怒，还称赞他小小年纪志气可嘉，于是便有心收他为义子。岳母听说之后，高兴万分，于是小岳飞便有了第二个老师。

　　从此，岳飞与王贵、张显、汤怀结为兄弟，朝夕相处，一同学艺。晚上，在学堂里，学生们的课桌前，都点着明亮的蜡烛。周侗从自己的书案上拿着一本书站起来说："从今天起，你们白天习武，晚上习文，我会把我的毕生所学一一传授给你们……"

　　院子里，烈日当空，四个徒弟都直挺挺地站着，他们浑身上下，都在流汗。"现在注意，"穿着一身短打的周侗气势昂扬地走过来，用他洪钟般的声音说，"练武之人，意念必须集中。有些动作，看似简单，但功力的深浅，便决定功夫的高低，所以各项要领，你们务必注意。现在扎马，出拳！""嗨！"徒弟们高声喊着，腿一迈，跨出弓箭步，击出了他们的拳头。烈日当头，在师傅的监督下，他们丝毫不敢懈怠，几个师兄弟站在原地连声喊着，接连出击。

　　岳飞学艺非常刻苦。有年冬天，大雪纷飞，王贵他们都在睡懒觉，岳飞却早早起了床，冒着大雪苦苦练习。师傅周侗见了之后，没有打搅他，而是细细地观察，直到岳飞停下来擦汗的时候，才发现师傅站在自己的身后。

　　在周侗的细心调教下，岳飞的刀法和箭术越来越精湛了。有一次周侗集合门生比武，他先发三箭，三箭皆命中靶心。岳飞引弓一发，射断了周侗的一支箭矢，接连两箭，又正中靶心，周侗对岳飞就更加器重了。后来在拜会自己的老友志明长老的时候，志明长老送给岳飞一杆"沥泉神矛"和一册兵书，兵书中有用枪方法和行军布阵的妙计。

　　自此之后，岳飞更加勤奋了，加上小岳飞天资聪颖，很快便超越

英雄少年

了王贵、张显和汤怀，并且能够将刀、箭使用得出神入化了。

后来周侗去世了，在埋葬周侗的时候，岳飞巧遇并结交了牛皋，这个后来与他并肩抗金的好兄弟。

周侗的去世令岳飞十分伤心，每逢初一、十五，他都要置备一些酒肉，到恩师坟前祭奠。由于当时岳飞家中十分贫寒，没有什么贵重的物品可以典当，于是他就把自己的衣服当了买了供品。

天气越来越冷，岳飞身上的衣服却越来越少。岳和感到很奇怪，疑心儿子结交了不好的朋友，便悄悄地观察岳飞的举动，终于发现岳飞典衣祭墓一事。父亲问他为何这么做，岳飞回答说："师傅对我的恩情我一辈子都报答不完。他不光教给我武艺，还教我做人的道理，让我用自己的所学报效国家。可惜我在师傅生前没能谢恩，他死后，我要借初一、十五扫墓以寄托我的哀思。连射三箭，以示饮水思源。"

岳和听完儿子的话之后，十分感动。他赞赏地对儿子说："我很欣赏你的孝心，如果将来有一天国家需要你，你能为国贡献一生吗？"岳飞毫不迟疑地回答说："只要父亲大人支持我以身许国，我一定会尽自己的全力保家卫国！"岳和赞许地点了点头。从此刻起，岳飞就立下了为国贡献一生的志向。

乡里的人知道这件事情之后，都赞赏岳飞是个重情重义的好孩子，都说："岳飞啊，你这么重情义，将来一定能成大器。"

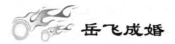 **岳飞成婚**

由于古代科技、医学都不发达，再加上工业生产、各种赋税及战争等对人口的依赖性很大，因此古人一般都成婚比较早。为了促使农业的发展，古代多鼓励生育，以给自己的国家壮大力量。古代女子逾时未嫁的，父母甚至要受到处罚，由官府出面把她给许配出去。

古人是二十岁行加冠礼，意味着从此是成年人了，但是通常男子在十六七岁就成婚了，女子一般是十五岁左右。随着时间的推移，小岳飞渐渐地长大了，到了成婚的年纪。

岳飞本来打算等自己功成名就后再回来娶亲的，但是家人极力反对。父亲想要早日抱孙子，百善孝为先，于是岳飞便遵循父母的意见，娶了刘氏。

岳飞的家境比较贫寒，家中并没有很多的钱财，因此妻子刘氏应该也是一般的农家女。

岳飞与刘氏成婚之后，第二年就生了一个儿子，取名岳云，这大概都是他到安阳县韩家做"庄客"之前的事情了。

又过了七年，他们有了第二个孩子岳雷。岳飞和刘氏的婚姻大概持续了八年多，后来由于岳飞长期在外当兵服役，家中有孩子和老母需要照顾，加上汤阴县后来被金兵占领，刘氏最终撇下两个年幼的孩子改嫁他人。

在岳飞贫困落魄的时候，妻子刘氏抛弃了他，改嫁他人，这着实让岳飞十分心寒，由于家中有老母和孩子需要照顾，岳飞便娶了第二任妻子。岳飞第二次结婚是在二十六或二十七岁，新夫人比岳飞要大两三岁，是一个明事理的通情达理之人，名叫李淑贞。她不仅孝顺岳飞的老母，而且将刘氏的儿子也视为己出，之后，她还先后为岳飞生育了岳霖、岳震、岳霭（后改名岳霆）等孩子。

虽然说岳飞有过两次婚姻，但是他对待婚姻十分严肃。在古代，有权有势的人都是妻妾成群，岳飞当了大将军之后，仍是以国家利益为重，将儿女情长抛到脑后，不但生活简朴，而且绝不娶纳妾小。有一次，川陕宣抚使吴玠为了搞好同岳飞的关系，特地送给岳飞一个美貌女子。但岳飞连一眼都没看就将她退了回去，他说："国耻未雪，圣上宵旰不宁，岂大将宴安取乐时耶！"岳飞与第二任妻子感情很好，据说临死之前还佩戴着妻子送的玉佩，可见二人感情之深厚。

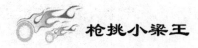

枪挑小梁王

岳飞身怀武艺，一直想着可以通过武考，实现自己的抱负，光宗耀祖。刚好这一年朝廷举行武举选拔，岳飞知道之后便迫不及待地约上众位兄弟，一同奔京城汴梁（今开封）应考。

当时京城十分热闹，各地前去应考的举子数不胜数，可以说是人才济济，群英聚集。京城之中很多人都在猜测着，谁最终能够摘取武举的魁冠。很多人都比较看好一个叫柴桂的考生，这个柴桂不但文武双全，而且有权有势，是柴世宗的嫡系子孙，人称"小梁王"。听说柴桂早已经买通了主考官，因此人们都觉得这届武状元非他莫属了。

岳飞他们几人匆忙赶到汴梁之后，天已经黑透了，为了准备第二天的考试，他们几个人找了一个旅店住了下来。岳飞害怕耽误第二天的考试，特地嘱咐店主道："明天考试，我们等了三年才这一回，请早些为我们预备。"

店主答应之后，安排他们几人早早就寝，四更天的时候，店主上楼请大家起床梳洗。众兄弟梳洗完毕，吃完早饭，各自披挂整齐。收拾完毕，兄弟五人一齐走下楼来，一个店小二高挑着红灯引路，另一个店小二托着糖果盒，提着大酒壶，在一旁立着。他们刚上马，店小二请他们每人喝了一杯。众人喝完酒，一齐打马向校场走去。

这次武考，皇帝钦点了丞相张邦昌、兵部尚书王铎、右军都督张俊和护国大元帅宗泽作为主考官。张邦昌、王铎、张俊都是一些欺上瞒下的贪官，他们早就被小梁王收买，一心要让小梁王得武状元，根本不顾为国家选拔将才的大事。但是主考官中有一位忠君爱民的宗泽，他了解到岳飞武艺高强，是个难得的人才，认为国家只有得此栋梁，方能抗敌寇、定家邦。因此他拒绝了小梁王的贿赂。

岳飞他们到达校场时，已经是人山人海，岳飞领大家选了一个比较僻静的地方等候。这时一个军士抬了食箩来找岳飞，说是奉宗泽之命送来的，众人赶紧拜谢。

天色渐明，各地的好汉都已经到齐。张邦昌、王铎、张俊、宗泽四位主考官一齐到演武厅就座。

宗泽见众位考官都偏袒小梁王，于是便将柴桂唤到大厅。柴桂自以为已经打通了人脉关系，因此随手作了个揖，便站到一边听令，宗泽见状不禁大怒道："你虽然是一个藩王，但是今天既然来应征举子，就应该遵循礼仪，拜见主考官，哪有举子不跪主考官的道理。"柴桂听了之后，自知理亏，只得低头跪下。

张邦昌画像

张邦昌以为宗泽是故意为难柴桂，于是便把岳飞叫到厅中泄愤。岳飞在张邦昌面前跪下，张邦昌道："岳飞！你凭什么来考状元？"岳飞答道："今年几千举子，只有一个状元，个个想得。我不过是力争而已。"张邦昌被岳飞说得哑口无言，只好作罢。

张邦昌知道柴桂文字功底好，想抢先占住先机，扳倒岳飞，于是先考两人的文字。张邦昌命岳飞作"枪论"，小梁王作"刀论"。岳飞妙笔生花，即刻而就；而小梁王心慌意乱，先将"刀论"写成"力论"，又左涂右改，胡乱交卷，自然比不上岳飞。

但是张邦昌却有意为难岳飞，说岳飞的卷子答得一塌糊涂，便故意把卷子扔在堂下。宗泽见状不由得大怒，于是命人捡起岳飞的卷子，递给自己，只见卷面整洁，妙语连珠，不由得连声赞好，于是故意问岳飞："你难道不晓得苏秦献'万言书'、温庭筠代作《南花赋》的典故吗？"苏秦上万言书遭秦相商鞅忌妒；温庭筠作《南花赋》被晋丞相桓文毒死，都是历史上有名的妒才忌能的故事。张邦昌明知宗泽骂他，一时心虚，敢怒不敢言，只好作罢。

第二场是弓箭比试，张邦昌为了刁难岳飞，故意命人将箭靶移至二百步以外，并先让岳飞射箭。可岳飞并不慌张，只见他弓开如满月，箭去似流星，一连九发，支支从靶心穿过。全场无不震惊，张邦昌见小梁王无法从中取得优势，于是命令二人比武。柴桂整鞍上马，手提金背大砍刀，先到校场站定。论武艺，岳飞自然在柴桂之上，但是柴桂好歹是个藩王，如果岳飞伤了他，自己自然也不会有好的下场，不免有点心绪不定。他勉强上马，提枪走到场中央。围观的人以为岳飞怯阵，都暗暗地替他捏了一把汗。到了场中央，小梁王低声道："岳飞，你若肯诈败，我重重赏你；若不依从，小心丧了性命。"岳飞说道："千岁是堂堂藩王，何苦与这些寒士争名？岂不上负皇上求贤之意，下屈英雄报国之心？千岁不如让这些举子考吧。"柴桂见岳飞不答应，挥刀朝岳飞头顶砍过来，岳飞用枪一隔，架开了刀。柴桂又一刀拦腰砍来，岳飞使个"鹞子大翻身"招架住。柴桂见老砍不到人，急火攻心，举起刀来，一连六七刀，岳飞东架西挡，柴桂用尽平生本事，但根本伤不到岳飞。

场上两骑相遇，小梁王左杀右砍，好不威风，而岳飞只是招架，并不还手。因此小梁王甚是得意，转到演武厅，对张邦昌说："岳飞武艺平常，怎能上阵交锋？"这时岳飞也跃下马来，跪倒在地说："不是岳飞武艺不精，只是武场上刀枪并举，难免有伤亡。飞与小梁王尊卑有别，因此恐怕伤了小梁王，这才不主动出击，若各位大老爷能够为飞做主，立下生死文书，我才敢交手。"

张邦昌见岳飞刚才只有招架之功，并无还手之力，以为他必胜不得小梁王，便一口答应下来。二人立下"生死文书"，重又披挂上马，雄赳赳，气昂昂，你砍我刺，互不相让，好一场厮杀！小梁王以为岳飞开始只有招架之功，毫无还手之力，认定岳飞是一个胆怯的人，因此，更加肆无忌惮。岳飞忍无可忍，叫道："柴桂，你好不知轻重！"说完，他举枪刺向柴桂心窝。柴桂见来得厉害，把身一偏，却还是没能避开。岳飞把枪一收，梁王"扑通"一声落下马来，丧了性命。全场举子和旁观的人齐声喝起彩来；左右巡场官和护卫兵丁吓得面面相觑。巡场官叫护卫不要放走岳飞。岳飞神色不变，下马把枪插在地上，等候裁判。

这一下，全场高声喝彩，张邦昌等几个奸臣听到小梁王丧命的消息之后，大吃一惊，怒不可遏，立即命手下兵将把岳飞抓来，要求一命偿一命。宗泽见状，勃然大怒，道："比武之前两人已经立下了生死状，这个时候岂能不算?"场下众多考生见主考官如此无理，齐声喊冤，顿时考场上一片混乱，张邦昌等人也没了主意。正在这时，只见牛皋怒目圆睁，挥舞双铜杀进校场，举手一铜便将场中央那杆标志大宋威严的大旗砍倒，全场顿时大乱。张邦昌知道在这种情况下，如果还不放了岳飞，自己的性命可就保不住了，急忙命人为岳飞松绑。

岳飞捡回了一条命，也来不及叩谢，便拿了兵器，和前来相救的兄弟们杀开了一条血路，急忙赶回了汤阴。

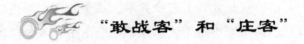

"敢战客"和"庄客"

女真（又名女贞和女直），亦作女真族。中国古代生活于东北地区的古老民族，6 至 7 世纪称"黑水靺鞨"，9 世纪起更名女真。

从 11 世纪到 12 世纪初年，女真族的有些部落，特别是其中的完颜部，阶级分化已日益明显，已由原始社会进入奴隶制社会的初期阶段。完颜部的酋长吞并了邻近的女真族一些其他部落，并取得了做部落联盟世袭酋长的权力。

公元 1113 年完颜阿骨打继承了完颜部酋长的职位。这个时期，女真族正遭受着辽王朝残酷的压迫。耶律延禧即位之后，以他为首的契丹贵族们，对于女真族各部落的勒索和压迫越来越严重。

这激起了女真族人民的愤怒，于是女真族开始奋力反抗斗争，女真族的首领阿骨打建立大金国，史称金太祖。由于北宋最高统治者想要借助金国收复后晋石敬瑭割让给辽王朝的燕云十六州之地，因此与女真族结成同盟，一同攻打辽国。

北宋两次对辽用兵，但是军队已经丝毫没有作战能力，攻打辽国时有如梦游，结果大败而回。为了防止辽南侵，北宋开始扩招军队，在中原地区征集"敢战士"。岳飞应征入伍。

当时率领宋兵攻打辽国的首领是宋徽宗钦点的童贯，有一个进士出身的刘韐很受童贯的赏识，是童贯的参谋官，岳飞去应征的时候，刚好见的就是刘韐，刘韐见岳飞身材高大魁梧，又了解到岳飞学过武艺，并且又懂诗书，便立即任命他为"敢战士"小队长。

此时河南相州（今河南安阳）一带有一伙以陶俊、贾进和为首的平民聚众闹事，偶尔也干一些打家劫舍的勾当。于是，岳飞自告奋勇，请求带领百名骑兵予以剿灭，并带回一部分人来，以扩充队伍。这是岳飞第一次用兵。他对本地情况比较熟悉，在分析了敌我形势之后，派遣一名士兵伪装成商人，进入对方领地。果然不出岳飞所料，敌人将这个"商人"掠回大本营，充当自己的部下。

岳飞又部署百人埋伏在山下，自己带领数十骑兵逼近敌人根据地。敌人得知有人进犯，急忙应战，此时岳飞却假装逃走。敌人上当，穷追不舍，直至山下。而此时，岳飞布下的伏兵一拥而上，将敌人打得落花流水。

先前派遣的伪装成商人的那名士兵，成了卧底，押着陶俊、贾进和胜利"归队"。岳飞初试身手便取得大捷，受到相州知州的赞许，他保举岳飞为九品承信郎。

然而不幸的是，这个时候传来了父亲岳和病故的消息。岳飞是一个忠孝之人，父亲的死对他的打击很大，于是岳飞马不停蹄地赶回家中为父亲守丧。当时的形势是，辽国的大将郭药师率领他的常胜军投降了北宋，并献上了他所防守的两个州。于是，"敢战士"这个队伍就给撤销了，岳飞错过了这次升迁的机会。

英雄少年

父亲去世之后，岳飞一直沉浸在悲痛之中，幸而长女安娘的出生，使得家里缓和了一些悲伤的气氛。孝期满二十七个月后，岳飞在魏国公韩琦的后裔家里做"庄客"（宋代贵族阶级，多养奴隶。庄园中之田地，当然使之耕种，然以地面辽阔，田多至千顷，自家奴隶，不敷应用，不能不利用佃户，耕种田地，收其租税，以供挥霍。此种佃户，称为"客户"或"庄客"）。岳飞到了韩家以后，除了从事农业劳动，还担任着保卫韩家大院的职责。

有一天，韩府里来了一伙抢劫的流氓，领头的叫张超，带领着一百多号人，气势汹汹地闯进了韩府。韩府的老爷们猝不及防，乱成一团。没有想到的是，张超还没有把刀从刀鞘里拔出来，岳飞骑在院墙上开弓一箭就射穿了他的咽喉，张超的手下见岳飞如此勇猛，吓得屁滚尿流，可怜的小喽啰们没有抢到什么东西，反倒是逃跑的逃跑，被抓的被抓。

岳飞因为保卫庄园有功，得到了主人的赏识，自此之后与庄园主人多有交往，并且被庄园主人允许阅读府藏大量书籍，这为日后岳飞成为文武全才奠定了一定的基础。由于国家形势危急，并且岳飞的志向也不在于守护庄园，因此做了没多久岳飞就向韩家庄主请辞了，离开韩家庄园是岳飞人生路上一个重要的转折点。

岳飞回到家中的一段时间，除了每日帮助家里做一点家务活之外，没有什么重大的事情。岳飞的母亲觉得岳飞这样待在家里也干不出什么大事情，于是就鼓励他说："好男儿志在四方，你也出去闯一闯，看看外边的世界，才会增长自己的见识。我听说辽国正在攻打我国，这个时候正是建功立业的好时机。"于是岳飞在母亲的劝说下，收拾了行囊，依依不舍地告别了妻子和母亲，踏上他的报国之路。

 **金兵南下**

公元 1123 年，金太祖病逝，其弟完颜晟继承皇位，号太宗。天会三年（公元 1125 年），辽天祚帝在逃亡途中，被为完颜娄室率兵追获，后降封其为海滨王。辽国灭亡，西夏向金俯首称臣，金在西部和西北部没有了后顾之忧；与此同时，金使用武力和招降的方式，展开了征服奚族和辽朝的残余势力，随之加紧对宋用兵的准备。

这个时候岳飞的家乡又发生了洪水，战争加上自然灾害，使得老百姓过着颠沛流离的生活，岳飞为了实现自己报效国家的愿望，离开了家乡，前往平定军应募。岳飞到了那里以后，很快被提拔为偏校。这是公元 1125 年的事，那年岳飞二十三岁。

岳飞第一次开始过像样的军伍生活，但这不是北宋的正规部队，顶多也只能算是支预备部队。

那时正是金人耀武扬威的时候，原辽国的大将郭药师和张觉等投靠了北宋。这就给了金人借口，要大宋把张觉的头装在盒子里，带着金银，去金国赎罪。

公元 1125 年，金太宗正式下诏"伐宋"，他们给北宋的罪名是"纳叛"，宣称要釜底抽薪，分兵南下，直奔汴京（今河南开封）。

金太宗兵分两路，一路由完颜宗翰率领，进攻太原；一路由完颜宗望率领，进攻燕京。两路金兵计划在宋朝的国都汴京会合，逐鹿中原。

汴京为北宋的首都，亦称"东京"。北宋共有四京，开封府为"东京"，河南府（今河南洛阳东）为"西京"，应天府（今河南商丘）为"南京"，大名府（今河北大名东北）为"北京"。它们都在今天的河南河北一带，而这一带是北宋王朝的心脏区域。东京是北宋的首都，全国的政治、经济和文化中心，也是当时世界上最大最繁华的城市。北宋著名画家张择端的《清明上河图》，正是反映了北宋末期汴京以及汴河两岸繁华的景象和自然风光。

金兵以骑兵为主，两路烟尘，南下中原，长驱直入。大宋竟然毫无抵抗能力，中原地区立即成了金兵的跑马场。

完颜宗翰向太原进军，童贯慌忙从太原逃回东京。金兵直抵太原城下。

北宋的一些爱国志士纷纷加入抗金的队伍当中，展开了保卫家园的战争。

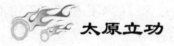

太原立功

北宋时期，统治阶级极其腐朽和残暴。北宋最高统治者，一方面加强对起义群众的残酷镇压，一方面企图转移人民的注意力，摆脱这种困境。北宋的一些官员听说阿骨打进军辽国，屡次大败辽兵之后，做起了借助金国收复后晋石敬瑭割让给辽王朝的燕云十六州之地的美梦。但是由于北宋军队涣散，军事首领无能，因此宋军没能遵循与金的约定，大同府与燕京两地都是由金军攻破的，虽然经过协商金答应把燕京及附近的六州之地都交与北宋，但是北宋却答应在原有"岁币"的基础上添加现钱，付出了惨痛的代价。

从宋军两次攻打燕京的过程，以及宋金交涉交割燕京的过程，女真贵族看穿了北宋政权在政治上的腐朽和军事上的无能，于是就调转矛头，乘胜向北宋的"心脏部位"进攻，企图夺取中原。

靖康元年六月，岳飞所在的平定军与太原府毗邻，为了给真定府救援太原做准备，岳飞被指派率领一百多人在山西寿阳县和榆次县（今晋中市榆次区）对太原金军进行武装侦察（宋时称为"硬探"）。在前往行军的路上，遇见了一支金兵，很多士兵都十分恐慌，唯独岳飞沉着冷静，他单骑突入，连杀几名敌人骑兵，敌军见岳飞如此勇猛，吓得连连撤退。夜里岳飞换上金军装束，潜入金营进行侦察，不但顺利地刺探到了敌军的部署，而且在天亮的时候大摇大摆地走出了敌军的军营。因此战功，岳飞受到了赏识，很快由偏校升进义副尉，这是不入品的小武官。

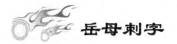

岳母刺字

岳飞的家乡发生自然灾害之后，汤阴县就开始流行瘟疫，王员外夫妇、汤员外夫妇相继离世。隔年旱荒，米价飞涨，饥民遍野。牛皋、王贵、张显仗着自己有些武艺，上山做了强盗，他们上山做强盗的时候，也曾劝过岳飞同他们一同前往，岳飞非但没有同意，而且劝阻他们不要劫取不义之财，王贵等人没有听从岳飞的建议，岳飞一怒之下，用枪在地上画了一条断纹，与王贵几人划地断义。

岳飞在平定从军的时候，河东路的一个首领听说岳飞非常英勇，于是派人找到他，见他果然器宇轩昂，非凡出众，于是便将他留下，做自己的得力助手。

但可惜的是岳飞还没有真正地施展自己的抱负，平定城便被金人攻破了。岳飞他们这些预备部队还没有集结成军，就分崩离析了。

岳飞携带着一个包袱，背着一张弓，辗转回到了故乡。他风尘仆仆地回到家中，见到了妻儿自然很高兴，此时长子岳云已经会写字了。这一年的三月，次子岳雷也出世了。家里儿女如故，生活正常，一切都安排得井井有条。

岳飞回家之后又开始了无业游民的生活，但是由于他枪棒耍得好，已经小有名气，因此前去拜访他、希望结为好友的人很多。有一天来了一个陌生人，双方见了礼，岳飞问道："兄长有何见教?"那人也不回答，径直走到中堂，把一个沉重的包裹放下，倒头便拜道："小弟于工，湖广人氏，今年二十二岁。久慕岳兄大名，特意来投奔，想学些武艺。如果兄长不嫌弃，情愿结为兄弟，留在岳家庄，以便朝夕讨教，不知意下如何?"岳飞见他是一个直爽的人，是一条汉子，于是便和他结为兄弟。结拜完毕，于工取出二百两白银交给岳飞，岳飞推辞不过，拿进去交给母亲。于工又向岳飞要了个大盘子，将盘子摆在桌子上，打开了包裹。岳飞大吃一惊，包裹里有几十粒大珍珠、一件猩红战袍、一条羊脂玉玲珑带，各盛在盘内，然后于工从胸前取出一封信，叫岳飞接旨。

岳飞对眼前的一幕，不敢相信，于是问道："贤弟，这圣旨是从何处来的? 说明了，我才能接。"那人这才说出实情："不瞒大哥，小弟并非于工，是洞庭湖义军领袖杨幺的军师王佐。因为朝廷信任奸邪，劳民伤财，致使人心离散。目前徽、钦二帝被俘，天下无主，我主公应天顺人，有志恢复中原，以安百姓。久慕大哥文武全才，特派小弟来请大哥，去洞庭湖襄助大业，共享富贵。"

岳飞听后大吃一惊，于是说道："贤弟不要再劝，我岳飞生是宋朝的人，死是宋朝的鬼，断然不会做出一些背叛朝廷的事情，有违忠贞。贤弟既然已经与朝廷为敌，住在寒舍多有不便，还请贤弟速速带着礼物，回复你家主人，告诉他岳飞不才，以后千万不要打我的主意。"王佐见岳飞说得慷慨激昂，无奈只好把礼物收好，拜别岳飞，悄悄出了门。

岳飞送走王佐之后来到母亲房中，将王佐前来招降的事情说与母亲，母亲听了之后沉吟片刻，

岳母刺字

说："你去中堂摆好案香，等我出来，我有话跟你说。"岳飞答应一声，取了香烛，走到中堂，搬来一张桌子放在中间，又取一副烛台、一个香炉，摆列端正，再去请母亲出来。

岳母叫岳飞拜过天地祖宗和周侗，然后命他跪下，吩咐李氏取过笔墨和绣花针，岳母对岳飞说："我要你写下'精忠报国'四个字。"

岳飞听了，抬起手臂，挥毫疾书。四个字写得遒劲有力，既有法度，又有灵性。

岳母说："你把衣服脱了。"

岳飞一下子就脱了上衣，扔在地上，露出结实有力的脊背。

岳母道："娘见你不受叛贼的诱惑，不贪图荣华富贵，心里非常高兴，但是娘终归要早走一步，怕你在我死了之后，又有一些不肖之

徒来蛊惑你，你一时失了志气，做出不忠不孝的事来。今天，我特地让你来拜告天地祖宗，要在你背上刺下'精忠报国'四个字，希望你以后能够不违背娘的意愿，做一个忠于朝廷的忠臣，这样我也能含笑于九泉了。"岳飞听了，跪在地上，岳母让媳妇拿来绣花针，将绣花针在灯烛上烧了烧，对照着那四个字的笔画开始刺。每刺一针，就将醋墨涂上，再刺一针，再涂一次。

每刺一下，岳飞的肉就一耸，岳母流下泪来，边刺边问："我儿痛吗?"岳飞咬着牙只回答："不痛。"

他心里想：这是母亲对我的教诲，我要永远记得。

他不知道，母亲在他身后也早已泪流满面，那针刺在儿子的身上，比刺在她自己身上还要痛。

晨光熹微，岳母叹了一口气，说道："这'国'字我故意没有刺上那最后的一点，为的就是让你记得：咱们大宋，如今还差那么一点。它已经不是一个完整的国了!"岳飞点头道："儿子谨记母亲的教诲。"之后才拜别母亲，回到自己房中。从此之后岳飞将母亲的话牢记于心，终其一生都在尽自己的全力，保家卫国。

第二章

从军报国

虽然他怀抱着满腔的爱国热情，一心想要杀敌报国，但是，从军之旅并不是那么容易的。他辗转行走在军旅的边缘，一次、两次、三次，锲而不舍地追逐着自己的梦想，终于凭借招安吉倩的功劳，赢得了刘浩的赞赏，从此展开了他的壮丽的军事画卷。

战场之上面对浩浩荡荡的敌军，他从来没有退缩，顽强地同金人进行殊死的搏斗，在此结识了生命中的又一个贵人张所。杜充的叛国，更是给了他一个独当一面抗金斗争的机会。

 宋徽宗禅位

金军在攻陷太原后，进攻平定城，岳飞参加了平定军保卫战。金军在伤亡惨重的情况下才攻克平定军，城破时候，岳飞携带妻子和岳云、岳雷返回故乡。

这个时候还是宋徽宗执政，宋徽宗赵佶于在位期间，生活十分奢侈，并且重用蔡京、王黼、童贯、梁师成、朱勔、李邦彦等奸臣主持朝政，大肆搜刮民财，激起民愤，我们耳熟能详的《水浒传》就记载了他在位期间百姓造反的故事。他会画画，会书法，会写诗，什么都会做，就是不会做皇帝。宋徽宗还是一个胆小怕事的人，他看到金戈铁马、烟尘漫天，大宋岌岌可危，无可奈何之下，就下了一道罪己诏，公开谴责自己的罪行，想以此挽回民心。

金兵长驱直下，逼近汴京的时候，宋徽宗又急又怕，拉着一个大臣的手说："没想到金国人这样对待我。"话还没有说完，一口气堵在了喉咙，昏倒在床前。被众人救醒之后，他立马写下诏书，12月，他宣布退位，自称"太上皇"，于是，皇太子赵桓即位了，他就是宋钦宗。

宋钦宗即位的第二年，改元靖康。宋钦宗自幼循规蹈矩，面对复杂、险恶多变的局势，毫无应变能力。他的全部作为，就是来回摇摆于轻率的冒险主义和卑怯的投降主义之间，并且以后者为主。

他即位后立刻贬蔡京、童贯等人，然后重用李纲抗金。但是他十

分懦弱无能，优柔寡断。

当时大宋都城东京抵抗金人的首领是尚书右丞相兼东京留守李纲。他击退了攻城的金兵，士气大振，还召集诸道宋兵赶紧来援助都城。

金人见一时攻城不下，就遣使来议和。勒索金五百万两，银五千万两，牛马万头，绢帛一百万匹，割太原、中山、河间（今属河北）三镇和这三镇所辖的全部州县，声称只要大宋答应了，他们就可以退兵。

宋钦宗赶紧全部答应，还用自己的弟弟康王赵构、太宰张邦昌作为人质，以便让金人放心。金人得到了满足之后，退兵到了孟阳。不幸的是这时候大宋的将领姚平仲统领着四十万宋兵，偷袭了金兵的营地，希望能够捉住金人的首领，献给宋钦宗，但是却被金人打败，这时候金人更加猖獗，再次狮子大开口，索要了大量的金银和锦帛，以及大量的宋人女子。

但是金人并不满足，这些东西根本无法满足他们日渐膨胀的欲望，于是他们公然邀请北宋的皇帝同他们订立盟约，以求索取更多。情况危急之下，宋钦宗下诏让康王赵构担任河北兵马大元帅，陈遘为元帅，宗泽、汪伯彦为副元帅，让他们带领所有兵马速来开封救驾。

三次从军

　　1126 年冬，岳飞在相州城第三次投军。当时岳飞应枢密院官员刘浩的招募，在相州参加大元帅府的部队，时间大概是在靖康元年 (1126年) 闰十一月和十二月之间。十二月十四日，岳飞随从赵构、刘浩和新编成的部队从相州出发，踏冰渡河，十六日到达大名府。当赵构把大元帅府的部队拨归副元帅宗泽指挥时，岳飞也成为刘浩所率领的前军中的一员。最初是屯驻在开德和南华，后来移屯济州，最后于靖康二年的四月下旬又随同大元帅府的全部人马到达归德府。在这期间，岳飞并没有任何事功表现，他因"已先负敢死名"而被刘浩收编在大元帅的部队当中。

　　刘浩是一名官衔不高的武官。在宋金交锋中，他负责招募义军，收编溃散的士卒。刘浩详细地询问了岳飞的经历、武艺和志向。岳飞也充分阐述了自己杀敌报国的抱负，赢得了刘浩的器重。

　　赵构集合了枢密院官刘浩在相州所招募的义士，信德府（今河北邢台县）的勤王兵，大名府派出的救援太原的兵，和由太原、真定府（今河北正定县）、辽州（今山西昔阳县）等地奔向这里来的一些溃兵，共一万人，分为五军，作为大元帅府的基本队伍。

　　然而，赵构的怯懦是不亚于其父其兄的，他虽然已经把元帅府组织起来，却不敢按照赵桓密信所提要求，星夜去救援开封。

他下令给附近州郡的地方官，包括河间府知府黄潜善、磁州知州宗泽等人在内，只照会他们在当年十二月十七日以后，次年正月三十日以前，率领本处精锐官兵，招集强壮民丁，先后到大名府与他会合，"听候指挥，审度前进"。

然而宋钦宗还被困在开封，作为臣子必须想办法去营救，这时候刘浩就想起了文武双全的岳飞，于是刘浩命岳飞招安大土匪吉倩。这一天傍晚，落日西沉，岳飞率领着四名骑兵，前往土匪营寨劝降。

他大声喊道："国难当头，我们应该放下个人的恩

宋钦宗画像

怨，共同为国家效力！"

此话一出，震慑了整个营寨。

一片寂静之后，一队人马前行而来，为首的开口说道："这位勇士，吉倩愿意归顺。但我担心的是我这帮兄弟会被官府杀害。"

岳飞诚恳地说道："官府的确是诚心招安。大敌当前，我们自然不会谋害自家兄弟。岳飞愿意以性命担保！"

吉倩大为感动，正要下马之时，突然一个人影闪过，扑向岳飞。他手拿狼牙棒，直直地挥向岳飞头顶。危急关头，岳飞一个闪身，躲过了这一击，又顺势翻下马来，与那匪徒搏斗。

那匪徒根本不是岳飞的对手，几个回合下来，便被岳飞制伏。岳飞说道："若是不愿意归顺，岳飞绝不勉强！但是偷袭他人，下场就

和他一样！"吉倩见此情形立马召集各寨的寨主，并高声宣布："我已经决定追随岳飞，如果你们中有不愿意的，可以自行离开！"

这些人也早已被岳飞高超的武艺深深地折服，于是拜倒在地说道："我们愿意追随岳飞"。最后，吉倩带领部下共三百八十多人归顺岳飞。

岳飞的成功招安，充分显示了他有勇有谋，因此深得刘浩的赏识，立即提升他为承信郎并把他的功绩向朝廷做了汇报，也得到了大元帅赵构的认可。

虽然，岳飞并没有因此得到重用，但承信郎已经是有品级的武官了。从此岳飞正式登上了大宋的军政舞台。

靖康之变

靖康之变，又称靖康之乱、靖康之难、靖康之祸、靖康之耻，是指公元 1126 年至 1127 年间，来自北方的女真族攻占当时北宋首都汴京 (今河南省开封市)，并掳走北宋皇帝宋钦宗、太上皇宋徽宗，和几乎全部皇族、后妃以及官吏等共三千余人的重大战争灾难。由于事件发生于宋钦宗靖康年间而得名。

实际上在这之前，宗泽率领的军队，连破金人三十多个大寨，岳飞带领的队伍更是出类拔萃，令金人闻风丧胆。但就是在这样的状况下，北宋首领一再退缩，向金人投降，因此才有了历史上令人愤慨的"靖康之耻"。

从军报国

战事节节胜利之际，宗泽很是高兴，有一天他连夜前往康王赵构府上，催促他继续支援兵马，壮大队伍。

但是这个时候，屋外忽然有人来报："朝廷蜡丸密诏到"。康王赵构打开一看，朝廷说现在他们正与金人讲和，命赵构暂缓带兵前进，还让他独自到金营去，和他们谈讲和的条件。

宗泽知道后又恼又怒，前方战士们奋勇杀敌，节节胜利，这个时候却要他们全线撤退，还要向金人俯首称臣，宗泽怒道："关键时刻，怎能撤离，不可停兵不进！"

汪伯彦则反驳道："金兵人数众多，并且十分勇猛，和谈是最好不过的策略。"

宗泽听了此话，心痛不已，他据理力争，反对按兵不动。几番争执不下，宗泽怒目圆睁，大喊道："临阵退缩，是亡国之徒！"气得拂袖而去。

宋钦宗靖康二年（公元 1127 年），金军两路合攻，四面合围，汴京正被金兵东西两路大军围攻，各地勤王军队又因收到朝廷投降派的命令而裹足不前，使得东京陷入孤立无援的境地。

大难当头之际，宋钦宗还是没有悔悟，仍然相信迷信巫术之学，军队中曾有一个士兵郭京吹嘘自己能大败金人，宋钦宗信以为真，不但赏赐他金帛数万，而且准许他在京城之中招募士兵，郭京一共招募了士兵七千七百七十七人，但大都是一些市井无赖和毛头小子，军队刚过护城河便被金兵杀得溃不成军，金兵用云梯攀上城墙，拥进东京城门。眼见金人拥进了城门，郭京借口施法破敌，带领残余的军队逃之夭夭了。

都城里作战经验丰富的大将李纲，这时候已经被释了兵权，由于缺乏真正骁勇善战之人，汴京城很快就被金人攻破了，大宋的都城被金人的铁蹄践踏着。

公元 1127 年 3 月 20 日，北宋宣告灭亡。金太宗下诏废宋徽宗、宋钦宗二帝，宋钦宗被贬为庶人。金人强行脱去二帝龙袍，随行的李若水抱着宋钦宗的身体，斥责金人为狗辈。完颜宗翰本来想要招降李若水，但是李若水宁死不屈，还破口大骂金人，完颜宗翰一怒之下令手下处理了他，李若水被宗翰的手下割裂咽喉而死。4月20日，金军到处搜刮钱财，之后又扶植张邦昌为帝，国号"大楚"。

随后金人兵分两路撤退，一路监押徽宗、皇后、驸马等皇亲贵族沿滑州北去，一路监押大批的乐师、技艺工匠以及大量文籍舆图、宝器法物等北返。又因靖康元年为丙午年，亦称此事件为"丙午之耻"。

康王即位

金人捉了宋朝的两位皇帝之后，将他们当作奴隶使唤，并且关在一口枯井里，两位皇帝每日只能面对着天空，等待宋军的救援。

当时金营里有一位汉人，他是当年北宋代州雁门关的总兵崔孝，流落在金国已经十八年了。崔孝善于医马，经常在金营里四处走动，和金兵们混得很熟。他听说徽、钦二帝被监禁在五国城里，就取了两件老羊皮袄，烧了几十斤牛羊脯，又带了一根长绳，来到五国城。

因为城里囚禁奴隶的枯井太多了，所以崔孝进了五国城之后，找了很久也没有找到囚禁两个皇帝的枯井，这个时候他已经十分疲倦了，于是他蹲在一口枯井边睡着了。睡梦中他蒙胧地听见，井里有一个人在呼唤"王儿"，又有人答"王儿在此"。崔孝十分高兴，心想着井底一定就是两位皇帝了，于是他小声地对井下的两位皇帝说自己是宋国的崔孝，并将自己随身携带的牛羊脯和两件皮袄用绳子绑了送下井去，崔孝听说康王赵构在金营，建议二帝写诏书，叫康王逃回中原，即位为帝，然后发兵来救二帝回国。二帝于是扯下了一块白衫，咬破指尖写了一封血书，将书信绑在绳子上。崔孝吊上来，藏在衣服里，哭着离开五国城，又四处打听康王的消息。

转眼之间已经是春天了，金人再次率军侵犯北宋，当时天气炎热，兀术准备等天气稍凉以后再渡河。不知不觉到了七月十五。那一天，金兵营里搭起了一个芦篷，摆了些猪羊鱼鸭之类，准备祭祖，王爷们站在旁边伺候。只见兀术骑着匹火龙驹，后面跟着一个王子，朝芦篷而来。崔孝也跟在人群后面来看，一打听才知道那王子就是康王。突然，康王的坐骑打了个跟跄，几乎将他摔下马来，飞鱼袋里的雕弓掉到了地上。崔孝见状，连忙帮康王拾起雕弓，并乘机和他搭讪。兀术见崔孝是个中原人，又在金国呆了十九年，便命他专门服侍康王。祭祖完了之后，众人摆筵喝酒。由于兀术待康王比别人要好，这让金国王子十分不高兴，于是他不时地冷眼看向康王，康王想起自己流落入敌人的手中，家破国亡，十分伤感，于是便借口身体不舒服，回到了自己的营房。这时候崔孝紧跟其后进了营房，支开康王身边的金兵，从夹衣内取出徽、钦二帝的血诏，献给康王。康王接过父兄写的血书，一看再看，一时泪如泉涌。突然，外面金兵来报："狼主来了。"康王赶紧收好血诏，出营相接。

兀术进房的时候，屋顶上落着一只鸟，发出怪怪的声音，兀术觉得不吉祥，于是拿出弓箭想要把它射下来，这时候康王对他说："让我来吧。"他拈弓搭箭，一箭射去，那鸟张开翅膀，飞走了。康王本就有心想要逃出去，于是就假意去追鸟跑了出去。兀术以为康王只是小孩性情，只为去追那只鸟，也不去管他，仍回大帐喝酒去了。那康王离了营房，快马加鞭，一口气跑出了几十里。兀术好久也不见康王回来，怕他年轻，不善骑马，跌下来摔坏，便跳上马去追。

不一会儿工夫，兀术从后面赶了上来，边追边喊："王儿，快往回走!"康王听见了，吓得魂不附体，只管往前奔，奋力跑到夹江边上，举目一望，江水茫茫，前无道路，后有追兵。康王心里一急，举手扬鞭，那马吓得两蹄一举，背着康王就往江心一跳。兀术远远地看见，大叫"不好"，赶到江边一看，不见了康王的影子，只好转身往回走。兀术回到营房，含泪将康王坠入江心的事说了，众人劝他节哀顺变。

其实康王并未淹死，那马神力，腾空跃起，便将康王驮过了夹江。不知不觉来到一处密林，康王见天色已晚，附近只有一座古庙，只得将就着在庙里过了一夜。次日天刚破晓，康王便出了林子，向人打听县衙的所在。

夹江属磁州丰丘县所辖，县主名叫都宽。那天，衙役来报告都宽，说有一个自称是康王赵构的人来见。都宽一听，不敢怠慢，立即出衙门迎接，见那人虽然落魄，但举止高雅，衣着华贵，知道是康王不假，倒头便拜。都宽将康王迎到衙内，一面保驾。不多时，御营都统制王渊、河北都统制张所率兵在城外候旨。君臣在县堂相见，抱头痛哭。丰丘城的兵少，如果金兵追来，十分危险，王渊建议康王前往南京即位，然后招贴榜文，招集四方豪杰。主意已定，康王君臣择日启程，前往南京。沿途州县官吏得知，都来送粮食供给。

康王逃走之后，金人为了维护自己的统治，就确立张邦昌为"伪皇帝"，张邦昌即位之后一直得不到北宋文武大臣的支持和拥护，他们提倡再立一个赵姓皇室的人物。然而北宋皇族中住在开封的，都已经做了金人的俘虏，只剩下哲宗赵煦的废后孟氏和身任大元帅的康王赵构二人。

实际上张邦昌只是个傀儡，手上没有丝毫权力。后来，张邦昌就从东京偷偷跑到应天府，在康王赵构面前，伏地痛哭。

他痛哭着说："我只是受了金人逼迫，才登上皇位。我真正的想法是得到了实权后，再解救大宋的国难啊！"

张邦昌又道："康王啊，应天府是我大宋宋太祖兴兵的地方，又

从军报国

处于整个大宋疆域的中间，是一个兴盛之地，您以后就在这里，振兴大宋的基业吧。"

赵构担心金人再次进犯东京，就采纳了张邦昌的意见，盘踞在应天府。

张邦昌在1127年的四月下旬便自请退位，接着就用哲宗赵煦的废后孟氏的名义，不用两制词臣，而特命太常少卿汪藻，作了一道诏旨，大略意思为：乃眷贤王，越居近服。已徇群情之请，俾膺神器之归。由康邸之旧藩，嗣我朝之大统。汉家之厄十世，宜光武之中兴；献公之子九人，唯重耳之尚在。兹为天意，夫岂人谋。尚期中外之协心，同定安危之至计。

五月初一，赵构在应天府登上皇帝的座位，是为宋高宗。为了重新建立一个稍具规模的政府，做成一个似乎是要抗金复仇的态势，他登基不久，就起用了主战最力，并且在抗金斗争实践中立过战功的李纲做宰相；这年六月，经过李纲推荐，宗泽去做开封留守。

原在河北、陕西等地的将领王渊、刘光世、韩世忠、张俊等，也都先后领兵到达应天，赵构在即位后设置了一个御营司加以统辖，命副宰相黄潜善兼御营使，同知枢密院事汪伯彦兼副使，以王渊为都统制。

康王登基之后，宗泽立即向高宗推荐了岳飞，高宗早就听说过岳飞枪挑小梁王的事情，非常欣赏他，当即下旨诏岳飞共同抗金。

汤阴县的知府捧着圣旨，说了让岳飞到朝廷为国效力的事之后，岳飞激动万分，抱着满腔的报国热情，直奔京城而去。

岳飞上书

　　岳飞得到高宗的召见之后自然是十分高兴，他觉得自己有了真正的施展抱负的平台，于是他挥毫写下自己的肺腑之言，希望能够得到高宗的认可。

　　宋朝官场崇文抑武，武将被视为粗人，很多大将都目不识丁。岳飞自幼受过良好的教育，使他有着足够的文化水平，南宋初年，文人上书，极为普遍，但是岳飞作为区区一介武夫上书，无疑是绝无仅有的。

　　岳飞的《南京上皇帝书》写于建炎元年六七月间，畅言天下大事，发誓要恢复中原，激情澎湃，俨然是朝廷重臣。

　　他说：皇上您已经登上了皇帝宝殿，社稷从此之后有了主人，是一件十分值得庆贺的事情，金人的铁蹄践踏着我方的国土，因此讨伐金兵刻不容缓。现在各地勤王的军队正一天天聚集起来。我们大宋的军队已经日益壮大了。而金兵还依然认为我们势力虚弱，因此应该趁着他们小瞧我们实力的时候，前去攻打他们。

　　可李纲、黄潜善、汪伯彦这些人，不顺着圣上您的意图去收复国土、迎回二主，您也整天想着往南边去游山玩水，这恐怕有负中原百姓的期望，国家尚在动荡不安，皇上你又岂能苟且偷安，置人民于不顾，虽然您口头上让将军们同心对外，也不能成事啊！为今天的国家考虑，臣希望陛下您，不要去四处巡幸，不如趁着金兵还未巩固阵地的大好时机，亲自带着军队，向北进军，迎回二位皇帝。天威所临，将士们也会一鼓作气，这样，收复中原，指日可待啊！

赵宋的家规是以文制武，就连武将参与军权大计也被视为越轨的行为，更别说岳飞这个从七品的小武官了，汪伯彦和黄潜善看到岳飞的上书之后，自然是嗤之以鼻。他们轻易地做出了"小臣越职，非所宜言"的批示。岳飞不仅被革掉官职，还被削除军籍，赶出兵营，"孤子一身，狼狈羁旅"，一时狼狈得连生计也无着落了。

高宗更是不以为然，心想一个小小的武官能有什么抗金的绝妙见解，不过是想讨得自己欢心罢了。就这样，岳飞还没有施展拳脚，便被赶出了军队，虽然遭受如此的打击和迫害，但是此时他内心之中的爱国烈火却没有被浇灭，他怀着保家卫国的激情，再次来到河北。

 伯乐张所

岳飞来了河北之后，遇见了他生命中又一个贵人，这个人就是张所。赵构即位之后曾经任用李纲为宰相，在此期间，李纲曾经向赵构推举张所为河北招抚使。在赵构即位之初，他是监察御史，曾上疏劝主把重建的宋政权仍迁回开封，以便控制作为天下根本的河东、河北地区。还曾上疏条陈两河利害。他对于当时已经哄传的宋朝廷将要南渡的计划，极力反对，因此对于提出南渡主张的黄潜善也曾加以纠劾。张所虽因此而被罢免了官职，但是却赢得了极高的声誉。特别是在河

北地区——用当时人的话说，是"声满河朔"。

　　岳飞回到家乡之后，金军由完颜兀术（即完颜宗弼，金太祖完颜阿骨打第四子）统率大军南侵。岳飞寝食难安，砍柴挑水也总是想着抗金的事情，一天，岳飞实在是待不下去了，听说河北招抚使张所正在招募天下的英雄豪杰共同抗金。岳飞觉得张所是一个忠心报国的良将，而且对自己来说也是杀敌报国的机会，于是便连夜赶路赶到河北，投靠了张所。张所不知道岳飞曾经是一个军官，有一次他听人说岳飞神勇，就问岳飞："你一个人能打几个人？"岳飞回答道："我一个人能杀千万人马。但我觉得，用兵打仗最重要的是谋略。我在路上时一直都在看兵书，研究战术。"

岳飞计败金兵

　　张所听了岳飞的话之后，觉得岳飞确实是一位了不起的军事奇才，岳飞不光对《孙子兵法》十分熟悉，而且还畅所欲言谈了自己对兵法运用的一些看法。张所听罢，不禁频频点头，他很赞同岳飞的说法，也很佩服他的才能。

　　最后，张所又同岳飞探讨了河北的军事形势。岳飞毫不拘束地说出了自己的观点。他认为河北地区在宋金对峙中有极为重要的战略地位，如不收复河北，不仅汴京难保，甚至直接危及江淮，对金作战的第一个目标就是收复河北失地。

　　他谈到金兵两次南下，河北各地连连陷落，人民流离失所，国无宁日的时候，不禁感慨万千，心情沉痛地表示自己要以身许国，决心追随张所，出师河北，收复失地。

　　张所非常欣赏岳飞，于是立即派他任中军统领，跟随都统王彦带七千精兵渡过黄河去攻打卫州的新乡等地。岳飞亲自率领一支军队杀向敌方，金军溃散而逃，被杀得人仰马翻，最后连大旗也被岳飞夺得。

　　金人见岳飞如此勇猛，都十分害怕；宋军见自己的将领如此威猛，个个士气鼓舞。岳飞在此次战斗中活捉了金军千户阿里孛，使新乡又回到宋朝掌管之中。

　　岳飞突围后，与金军在侯兆川（今河南省辉县市西北）交战，身上伤痕累累，士兵们拼死应战，再次击溃敌人。岳飞和将士们屯扎在石门山下修养兵力。

　　晚上，探子来报，说金兵可能马上来到。将士们惊骇万分，但岳飞十分冷静，他命军队坚守营寨，就地休养。金兵见岳飞没有动静，想要攻打，但是惧怕岳飞的勇猛，一时之间不敢有所行动。

　　不久粮食吃完了，岳飞到王彦那里要粮，王彦不给。岳飞就带兵向北进发，与金军在太行山交战，生擒金将拓跋耶乌。

　　岳飞作为一个副将，却在战斗中发挥了主力的作用，立下了大功。这确实让身为主将的王彦很没面子，于是在战斗中王彦故意为难岳飞，对岳飞不配合不支持。但是岳飞在这种艰难的环境下，还是打了几个漂亮的仗，把敌将黑风大王刺于马下，活捉金兵统帅拓拔耶乌，吓得敌军闻风丧胆，还缴获了很多的敌方战利品，因此金兵都称岳飞为"岳爷爷"，看到"岳"字大旗就吓得魂飞魄散。

　　不幸的是，做了皇帝的赵构虽然任用李纲为宰相，但是赵构本身也是个胆小怕事之人，尽管也拟订了一系列的抗战计划，却没有认真地执行过。赵构一心想把新建的宋政权迁往南方，朝廷中黄潜善和汪伯彦二人还极力地奉承赵构，诋毁李纲的军政措施。

　　张所极其受李纲的重视，被推荐出任河北招抚使，因而他在任事之初就成了黄、汪一派人攻击的目标。当张所还在开封招集将佐时，他们就提出弹劾说："把招抚司设在大名府是不合适的，想调用大名府的戍兵和兵器、军需品是会造成骚扰的。"

另外，被李纲推荐出任河东经制副使的傅亮，在他准备工作尚未就绪之时，就被汪伯彦诬告为故意拖延，黄潜善也在赵构的面前煽风点火，说他的坏话。赵构一怒之下，就下令把河东经制司废罢了，这实际上等于是砍断了李纲的左膀右臂。之后殿中侍御史张浚又见风使舵，迎合着黄、汪的意旨而论奏李纲犯了十几项罪状，不久之后，李纲就被正式地罢免了。这使得他身为宰相的时候做出的一些努力也付之东流了。傅亮见赵构昏庸，听信谗言，于是以母病告归。河北招抚使张所被贬谪到岭南。张所到岭南不久，就因病死了。

张所的死，让岳飞十分悲痛，张所对岳飞的知遇之恩，自然使岳飞满怀感激之情。几年之后，岳飞已被升擢为带兵的大将，因为立了一次战功，南宋朝廷要授予他的儿子一个官衔，岳飞特别为此事奏请，把这一官衔让给了张所的儿子张宗本。

张所虽被罢免，但岳飞、王彦等组建的军队并没有解散，而是依照原订的计划继续与金军相抗。建炎元年 (1127 年) 的九月下旬，在都统制王彦的率领下，统制官岳飞、张冀、白安民等十一人，以所部七千人，渡过黄河去进攻金军，当天就夺回了卫州的新乡县城。

夺回新乡县城之后，王彦向附近的各州郡散发文告，以新乡作为据点，联合各地的忠义民兵，使正规军和人民武装力量结合起来，一时声势浩大，气势迫人。女真军事首脑看到这种气势，以为是宋朝的大军来了，便赶快抽调了几万人马来围攻新乡。新乡城中的七千人马既和外面相隔绝，装备和粮饷又皆处于极缺乏的情况，敌人的攻势却愈来愈猛。为保存这一支战斗部队，他们最后决定突围而出。

冲出重围之后，在商讨出击的对策的时候，意见发生了冲突。有几个统制官干脆和一些士兵们一起逃跑了。虽然岳飞和王彦都主张继续战斗，但是岳飞却不肯继续听从王彦的指挥，于是便率领自己的小队人马自行离去，之后便带领着部下投奔了开封府的宗泽。

从军报国

老将含恨

岳飞带着自己小部分的队伍投靠宗泽之后，宗泽任命他为留守司统制，驻扎在开封附近。建炎元年（公元 1127 年）十二月初，金人知道张邦昌被废之后，便开始猖狂地南下。

宋高宗因为害怕金兵，吓得逃到了江南。他登上御船，巡幸淮河流域，又从南京出发，到达扬州。

金兵在完全攻克河北各个州郡以后，分三路大军大规模南侵。完颜宗翰自河阳（今河南孟州南）渡河，攻河南；完颜宗弼（金兀术）自沧州（今河北沧县）渡河，攻山东；完颜洛索自同州（今陕西大荔县）渡河，攻陕西。

岳飞擅自离职之后，王彦也带着自己的队伍，投靠了宗泽。对于岳飞私自率领小部分的军队离职的事情，王彦曾向宗泽告了一状。实际上岳飞带着自己的队伍离开之后并没有日渐充实壮大，当他听说王彦率领的八字军的军声大振，并且已经渡过黄河归属宗泽统帅之后，他也曾亲自到王彦的军营中去负荆请罪。但是由于当时岳飞在新乡兵败之后，擅自带领一部分军队脱离了领导，拒绝听从王彦的指挥，这使王彦难以释怀，最后决定以军法处置。

正要行刑之时，岳飞大喊要见宗泽。宗泽知道岳飞是一个将帅之才，才竭力保住了岳飞。

宗泽知道岳飞杀敌心切，但是却年轻气盛，害怕他上了敌人的当，于是宗泽嘱咐岳飞说："千万不要贸然前进，一定要守住关隘。"

岳飞带着兵来到了汜水关。岳飞的部将李道一见岳飞就埋怨道："宗将军只给我军五百人，金军三万之多，我们区区五百人如何能抵挡三万金军？"

岳飞说："我们此次的任务是守住关隘，而不是出击，因此大家不必担心，只要守好关隘就好，如果金兵有变，我们再趁机出击。"

岳飞上关瞭望，只见金营绵延数里，煞是可怕。

李道说："金人已围关多日，这两天却没动静。"

岳飞问："粮草还能用几天？"

李道说："能用半月。"

岳飞说："将军明日出城迎敌，只需引金兵列阵就诈败回关，我在这里看看他们的虚实。"

次日，李道领兵出关，金营三声炮响，步军、骑兵、弓弩手列阵有序，进兵时也很有章法。

岳飞观战良久，心生一计。

第二天，宋军仍出关挑战，但撤退时，埋伏了一部分士兵。第三日也如此。

一直到十天后，金兀术耐不住性子，要决战了。

决战开始，两军列阵对峙。

岳飞身骑白龙马，手执沥泉枪，膀阔腰圆，威风凛凛。马左是张保，马右是王横，众人都杀气腾腾。兀术见这阵势，内心十分不安，但是他强作镇定，明知中间的是岳飞，却假装不知，故意问道："你是什么人？快快报上姓名来。"岳飞说："我就是大宋兵马副元帅岳飞。我知道你是金国的金兀术，你率军践踏我大好河山，囚禁徽钦二宗，残害无辜生灵，今日前来就是要取你性命。"

兀术心里害怕，又不能退走，只好硬着头皮迎战岳飞。岳飞挺枪迎战。大敌当前，谁也不敢疏忽。两人枪来斧挡，斧去枪迎，正好是棋逢对手，各逞英雄。

岳飞让牛皋、王贵埋伏在北山，把一辆一辆的抛石车，摆在山上，拦住去路，以防兀术逃走。牛皋远远看见金兵杀来，和王贵商量，推开抛石车，冲出山去，杀个痛快。

岳飞和兀术战了七八十个回合之后，兀术渐渐有些招架不住，被岳飞一枪把肩膀刺伤。兀术大叫一声，掉转马头朝谷口逃去。谁知牛皋、王贵下山交战去了，没有及时地阻挡，兀术径直逃走了。岳飞追到谷口，不见了牛皋、王贵，查问情由，急忙传令，叫各路伏兵一齐下山接战。宋军奋勇杀入番阵，杀得金兵人仰马翻，死伤无数。金兵输得一败涂地，朝西北逃走。

主将受伤而退，金兵惶恐。宋军气势大振，就要追击。这时，金营突然着火了，远处浓烟滚滚。那都是岳飞事先设计好的。金兵恐惧，纷纷掉头张望，人喊马嘶。而之前埋伏在那里的宋兵也杀下山来。三路宋军夹攻金兵，金兵只得夺路而逃。金兀术大败。

听到岳飞守关喜讯，宗泽大喜，奏报了朝廷，立即晋升岳飞为右军校尉，封武功郎。而此时，举国已陷入战火之中，金国的大将完颜宗翰很快就攻下了西京洛阳。南宋不堪一击。

岳飞渴望战斗。他在军中已赢得了很大的声誉，但他更想力挽狂澜，拯救国家于倒悬之中。

宗泽传人召来岳飞，对岳飞说："你是一个将帅之才，我知道你不喜欢拘泥于以往的军事战略，今天就是想教你一些特别的行军布阵方案。"

于是，老将宗泽拿出了如何排兵、布阵的图来，悉心教导岳飞。

岳飞听完宗泽的教导，谢过宗泽之后说："这些兵法让岳飞受益匪浅，但部下认为，兵法运用的妙处，在于人心，更重要的是灵活应战，不拘泥于兵书。"

宗泽听了此话，对岳飞更是刮目相看。

在宗泽把守的开封，这里金人的入侵被屡屡击退。金人畏惧不已，称他为"宗爷爷"。

宗泽在开封留守的时候，曾经为抗金做出过相当大的贡献，他不仅建造了大量的防御工程，而且还招募了一大批有志之士。在他做好这些事情之后，他就一再上书赵构，请他回到开封，但是由于赵构胆小怕事，害怕金兵再次席卷开封，因而一再坚持南迁。宗泽的这些奏章不仅有请求赵构回銮开封，还涉及袭击女真的一些军事布置和规划。

直到宗泽临终时，他仍心念国家，不停地念诵杜甫的名句："出师未捷身先死，长使英雄泪满襟。"闻者无不泪流满面。生命的最后一刻，他眉头紧蹙，竭尽全身的力气，大呼了三声："渡河！渡河！渡河！"手指直直地指向北方，仿佛要触碰那失去的大宋国土。

宋高宗得知宗泽病死的消息之后，也十分痛惜，但是由于金兵穷追不舍，高宗只得忙于逃命。宗泽的死对于南宋来说，无疑是巨大的损失。

宗泽临终前曾担心金兵会破坏西京河南府洛阳赵氏的皇陵，他嘱咐岳飞率领本部人马随同留守太尉闾勍去保护西京皇陵。宗泽去世后，岳飞立即按照宗泽的遗嘱向洛阳进发。

闾勍之前一直担任侍卫步军司一职，这支部队其实就是皇帝的御林军，由从全国选拔的武艺超群的壮士组成。闾勍没有跟随赵构去建康，留在这里负责镇守汴京。

闾勍、岳飞到洛阳时，这座繁华秀丽的古都经金兵三度蹂躏已不堪入目了，到处是残垣断壁。大街之上白天都见不到一个人，死一般寂静。荒草之间随处可见累累白骨，令人目不忍睹。岳飞看到这凄惨的情景，异常悲愤，向天高呼："不破胡虏，誓不为人！"

可见宗泽对岳飞的影响有多么的深远。宗泽死后，岳飞谨记宗泽生前交代他的事项，他知道宗泽是含恨离开的，宗泽虽然身为文官，

从军报国

但是他却恨不得驰骋在沙场，杀敌报国，争回失去的大好河山。这个亦师亦友的大将，让岳飞更加坚定了自己的志向，从此怀抱着收复河山的大志，义无反顾地朝前走着。

无耻杜充

宗泽死了之后，接任东京留守、开封府尹的，是原北京大名府留守杜充，杜充是相州安阳人，和岳飞勉强可算是同乡。杜充这人暴躁、苛酷、刚愎自用，喜欢残杀。他和宗泽相差甚远，几乎找不到共同点。宗泽在开封留守的时候威望非常高，深得民心。

但是杜充威望极低，不但缺乏胆识，更缺乏智谋，到任之后越来越不孚众望。杜充到了开封以后，立即推翻了宗泽所有治理军队的规章制度。他冷酷无情地对待整支军队，最终导致宗泽辛辛苦苦招集编制的军队，大部分开始逃散，还有一些没有在开封，但是自愿听从宗泽号令的，如在洛阳的杨进，便据地自雄；在山东的李成，就向江淮地区流窜去了。

宗泽苦心经营的抗金防线，被撕破了一道大大的口子。开封的局势变得十分严峻，宋高宗为了保全自己的性命，开始一路南逃。宋高宗南逃到了扬州，金人就将兵锋直指扬州，吓得高宗整日难以入眠。

当时，统制薛广所部已向相州挺进，因王善和张用两部未去会师，薛广战败牺牲。苦守近两年的相州城终于在建炎二年（1128 年）

忠 孝 双 全
岳
飞

11月陷落，河东和河北的最后一批州县，包括北京大名府，全部被金兵占领。

"两河豪杰"原先按照宗泽的计划，准备配合宋军积极北伐，但是杜充却对他们的义举不进行任何的支援。在粮草匮乏的状态下，金军瞄准南宋义军的窘状之后，奋力搏杀，著名的五马山寨也被金国大军所攻破。

岳飞是宗泽生前最为重视的一名武将，而且是开封留守司基本部队的将领之一，他不能因宗泽的去世而擅离职守。岳飞在王彦部下的时候，有过擅自离职的状况，因此，在宗泽死了之后，岳飞依然坚守在自己的位置上，并没有像其他人一样擅自离开。并且由于有最近的一些战功，和宗泽那样异乎寻常的赏识，在杜充到任之后，他依然是最受器重的一员将领。

在杜充任期内，前任留守宗泽苦心集结而来的忠义民兵由于不满杜充纷纷开始反叛，成为危害一方的军贼、土匪。杜充这家伙对外极其的无能，但是对自己的同胞却无比的凶狠。

杜充上任之后，立即派遣岳飞前去剿灭张用，这是岳飞始料不及的。岳飞对于杜充上任之后的所作所为十分不满，曾以寡不敌众为由拒绝前去围杀张用，杜充恼怒之下以军令相威胁。

张用是岳飞的老乡，原本是一个弓手，他和曹成、李宏、马友结为义兄弟，拥众号数十万，分为六军，本是杜充管辖范围内最为强大的一支队伍，但因不服杜充的为人，因而坚决不服从杜充的指挥。建炎三年正月中旬的一天，杜充想趁着张用不备之际，袭击张用，一网打尽，不料张用事前已听到了消息，已在那里摆好了阵势，进行了殊死较量，这时王善的部队也从城东赶来，与张用的部队联合作战，把城西的几支部队，除岳飞的那一支而外，都打得大败，绰号"赛关索"的李宝且为张用部队所俘虏。

岳飞仅有两千精兵，对方却有数万精兵，但是岳飞的部队如饿狼猛虎一般，吓得敌方溃散而逃。这对于岳飞来说，是一次莫大的鼓舞，

从军报国

岳飞因功升武经大夫，比原来的武功郎高三级。

岳飞接二连三的胜利，一时被传为美谈，这实际上是由杜充铸就的天大的错误，抗击金兵一直是迫在眉睫的重大事件，但是杜充对内的残暴引发了一场本可避免的自相残杀的内战，使宋军的实力损失于内耗，结果原本抗金的武装甚至沦为金国女真人的帮凶。

岳飞抗击匪寇的胜利，一方面在军中立下了战功，另一方面解救了杜充，因此杜充也一度将岳飞视为自己的左膀右臂。但是岳飞并不感激杜充的赏识，所谓道不同，不相为谋，岳飞一直对于杜充的作为非常不满，但是由于自己有过擅自离职的前科，也不得不委屈在其左右。

金军南下之后，首先以澶州为突破口，展开了疯狂的围杀行动，在围攻三十三天之后，最终把澶州攻下。之后金军将领亲自领兵包围了濮州，城中军坚守了一个多月，最终因弹尽粮绝而陷落。金人入城之后，展开了疯狂的烧杀抢掠。

杜充自诩"帅臣不得坐运帷幄，当以冒矢石为事"，似乎是羽扇纶巾似的文臣和铁马金戈般的武将，兼具于一身。

但是当杜充听到金军要在冬季发动攻势的时候，立马吓得屁滚尿流，为了防止金军攻打开封，这时候杜充做了一个无耻的决定，他命令部下开掘了黄河的河堤，但是暴溢的浊流根本就不能阻遏金军南下，却使平民百姓遭受了极大的苦难。

金国元帅左监军完颜粘罕（汉名宗翰，本名粘没喝）率领的金国大军在受到洪水阻碍之后，与讹里朵的部队转向东进合力攻陷了北京大名府。

之后，西起相州，北到沧州，中经大名府，东经东平府而到济南、淄州（今山东省淄川）、青州（今山东益都）、潍州（今山东潍州）等地，都先后为金国女真兵马所攻占。

建炎二年（1128 年）年底，金人准备去攻打宋高宗赵构的行都扬州。

当时高宗赵构依靠的武装力量是刘光世的部队，这个刘光世是个贪生怕死之辈，高宗派遣刘光世去抵抗金兵，还没有见到金兵的影子，部队就溃散而逃了。

这个时候金兵虽然还没有攻打到开封，但是杜充开始坐立不安了，似乎已经是大难临头。为了躲避金兵，他以前往南方"勤王"为借口，准备带着自己的队伍前去避难，但是他又不敢贸然离职。这时候杜充想出了一个计谋，他把自己的主力带走，而责成副留守郭仲荀留守开封。这个郭仲荀也是怯懦之辈，他怕金兵来袭，于是把守城的大任交给程昌寓，程昌寓没守几天便带着队伍潜逃了。建炎四年（1130年）二月，开封最终陷落。

朝廷之后又委以杜充重任，可此时的杜充已经被金兵吓得魂不守舍了，对于朝廷的命令也是置若罔闻，之后便一举逃到了江南。

杜充这样做，无疑是等于将长江以北的国土和人民拱手让与金人。岳飞怒气冲冲进献忠言，但是杜充当作耳边风，一再拱手将宋朝的土地让给金人，这让岳飞和一些爱国的将士们深感苦闷，杜充不负责任的行为成为岳飞再次离职的原因。

苗刘兵变

苗、刘兵变，也称"明受之变"。宋高宗即位之后，特别宠信内侍省押班康履等宦官，对于他们私下的作乱行为也视而不见，这在当时

从军报国

引起了很多人的不满。王渊非常受高宗的宠幸，他私下勾结宦官，大肆地搜刮民脂民膏。建炎三年（1129年）二月金兵进攻时，他立即建议高宗以巡视的名义从应天府逃到扬州。高宗前脚刚走，他把用来战斗的战船用来私运自己匿藏的金银财宝，这导致数万的宋兵以及战马失陷敌营。当时很多百姓争相议论，"船上的金银财宝都是王渊在平定陈通时，搜刮民脂民膏而来"，在行军过程中，一些官员也作威作福，强抢民宅，随军的苗傅十分愤慨。但当高宗知道王渊搜刮民财之后，并没有加以严肃地处理，只是罢免了他枢密使的职位，这激怒了很多军官和士大夫。

扈从统制苗傅自负其家族功劳很大，对于王渊的行为极其不满。威州刺史刘正彦虽是王渊提拔的，但是也不愿意王渊征召自己部下的士兵。加上王渊和一些宦官勾结，在朝中横霸一方，作威作福，两人都非常不满，因此便有了兵变之心。军中的士兵多为华北人，平日里受尽了宦官的压制，因此也对王渊等极度厌恶。于是他们秘密商议，先杀了王渊，再除去宦官，这个主意得到了广大士兵的拥护。于是他们借口临安县境有盗贼，希望王渊同意他出动部队。

第二天，苗傅和刘正彦在城北桥下埋伏兵士，等王渊下朝途经的时候，乱军一哄而上，将王渊从轿子中拉出，拳打脚踢。王渊自知平日里自己作恶多端，这些士兵对他是恨之入骨，于是立马抱头鼠窜，大队人马穷追不舍。这时候，王渊看见了刘正彦，万分高兴，以为自己找到了救星，于是大呼："刘统制救我！"王渊本以为自己对刘正彦有提拔之恩，刘正彦会救自己，谁知道刘正彦上前一步，一刀砍下了王渊的脑袋。苗傅和刘正彦是一介武夫，没有什么远大的政治见识，他们杀了王渊之后，第一件事情就是想要去抄王渊的家，将王渊私藏的几十船财宝给瓜分了。这时候，他们手下几个有谋略的人，告诉苗、刘："将军不可如此，王渊之所以得到皇帝的信任是因为他在朝中结交了大批的宦官，只有将这些宦官也给杀了，才会没有后顾之忧。"苗、刘等觉得有理，于是又派兵包围了皇宫。

高宗赵构得知苗、刘发生兵变之后，十分地震惊，守宫门的中军统制吴湛和叛军私通，引导苗傅的手下进城，高喊"苗傅不负国，只为天下除害"。高宗到城楼上，问苗、刘造反的原因。苗、刘见了高宗依然下拜，但是却严厉地指出高宗信任宦官，并要求诛杀宦官康履。但是高宗却于心不忍，自言自语地说，把他杀了，我身边没个使唤的人，这可不行。这时候皇上身边的宰相急了，于是附耳告诉高宗：康履要是不死就难以平定叛乱，何况宫中宦官多的是，皇上不必只宠信于他一人。高宗无奈，只好答应处死康履，之后宰相命人捆绑了康履送下城去。康履搁在筐里顺着城墙刚被放下去，乱兵就蜂拥而上，一刀就把康履拦腰斩为两截。

这时候苗、刘等已经杀红了眼，他们一不做二不休，开始对皇帝采取行动了。苗、刘在城下大喊："陛下的帝位来路不正，以后如果钦宗归来，将何以自处？"高宗派宰相出城与叛军议和，但是苗、刘等坚持请求隆祐太后来垂帘听政以及与金国议和，无奈之下高宗只好答应了他们的要求，这时候他们又改变了主意，进一步要求高宗退位，策立年仅三岁的皇太子赵敷为帝。

当时隆祐太后曾幻想着可以说服苗、刘二人，于是她出城劝说，苗、刘下拜说："百姓无辜，生灵涂炭，希望太后出来稳定局面。"太后缓缓地说："徽宗皇帝任用奸臣，随意更改祖宗法度，又妄图与金联合灭辽国，才造成了今日这种惨败不堪的局面。当今皇上只是被奸臣汪伯彦、黄潜善所贻误，并不是昏庸误国，现在两人也都被放逐了，你们就应该扶持皇上稳定大局，共同抗金，岂有造反之理？"苗傅强硬地说："我们已经讨论好了，不可犹豫。"

太后说："既然这样，那我和当今皇上一同执政。"但是苗傅却坚持要废掉高宗，策立幼子赵敷。太后愤怒地说："幼子赵敷只是一个不懂世事的黄毛小孩，怎么懂得主持朝政？"但是苗、刘二人软硬兼施，见太后不想屈服，于是就用武力威胁，无奈之下，太后只得同意了他们的意见。

从军报国

迫于形势，最后高宗不得不同意禅让皇位，朱胜非在一旁哭泣，说自己身为宰相应下楼大骂叛军，以死谢罪。高宗退却左右说："先看事情如何发展，如果失败再死也不迟。"于是命令朱胜非向苗傅宣布让位的条件，一是要像对禅位的宋徽宗一样对待让位的高宗，供奉需丰厚；二是让位之后事情要听太后及即位的幼君处置；三是下诏完毕后就和部队回到营区；四是约束军士，不可抢掠纵火、骚扰百姓。苗傅答应，高宗随即下诏逊位，令兵部侍郎李邴起草诏书，表示"自即位以来，强敌欺凌都是因为自己，不忍生灵涂炭，宣布退位"。高宗退位之后，苗、刘二人开始正式当政，当政之后两人就一心想着迁都于金陵。太后非常不满，但是又害怕如果不同意他们的决定，就会惹恼二人，于是勉强同意，并改年号为明受，并以金陵靠近江北难以防御金兵为由婉拒迁都。但是苗、刘二人都是一介武夫，见识短浅，并且沉浸在胜利的喜悦当中，这让宰相朱胜非钻了空子，朱胜非一边周旋于叛军和太后之间，迷惑苗傅，使自己取得了单独面见太后的权利，一边煽动苗、刘的部下王世修、王钧甫等。

苗傅掌权后不久，贬宦官曾择、蓝圭到岭南，并派人在半路上追而斩杀曾择，又企图以所部士兵代替禁军守卫睿圣宫，甚至想邀高宗游览南方，都被朱胜非巧妙地阻止。

不久之后，驻防平江的张浚接到大赦的命令，知道朝中发生了重大变故，于是立马与驻守吴江的张俊起兵会合声讨苗、刘。

苗、刘本是武将，面对突然而至的声讨，顿时没了主意，无奈之下被迫接受朱胜非和冯辐的提议，率百官奏请高宗复辟。

高宗复位之后，诏尊太后为隆祐皇太后，恢复苗傅策立的幼君赵旉为太子。宋高宗本来就惧怕地方武力和将领拥兵坐大，这次的政变更成了他心中挥之不去的阴影，也加强了他这番心理，使他终其一生都不再信任武将，并且不断地调换将领，达到"兵不识将，将不识兵"的目的，从而使南宋重文轻武的情形加剧。这也是岳飞一直得不到高宗完全信任和依赖的原因。

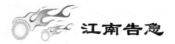 **江南告急**

自从宋高宗登基之后，就一直奉行屈膝求和的政策，妄图在江南一带苟且偷安。但是这不但没有得到金人的怜悯，反而助长了金人嚣张的气焰。宋高宗逃到扬州的时候，金人立刻就调转了军队，浩浩荡荡地杀向了扬州。

宋高宗建炎二年（公元 1128 年）正月初七，金人开始攻打开封，当时，老将宗泽派兵击退了敌方，岳飞带兵与金人战于胙城县（今河南延津县北三十五里），又战于黑龙潭，都取得了大捷。这几次大捷让岳飞收复中原的信心倍增。四月，宗泽命令岳飞跟从留守司太尉闾勋，保护北宋王朝的皇陵。七月，宗泽死于开封。杜充接任东京留守，岳飞仍然担任原来的职务。

后来，岳飞又跟随闾勋到了汜水关，再一次取得了胜利。随后岳飞驻兵竹节渡，与金兵相持不下。

后来岳飞想出了一个好办法，他选派三百名部下埋伏在山下，每个人身上带着两束柴草，到了深夜时分，把火把点燃，高举过头顶。敌军看到之后大为震惊，以为对方有援兵到来，吓得落荒而逃。

可是这样的小胜仗根本挽回不了局势，挽救不了国家的命运，南宋的形势依然是处于水深火热之中。

宋高宗建炎三年（公元 1129 年）的春天，金人还在马不停蹄地南下进攻。他们攻陷了天长军（今安徽天长），逼近了宋高宗。高宗吓得面色发青，于是立刻丢下了扬州，奔向了镇江，又转到了临安（今浙江杭州）。

农历五月初八，宋高宗到了建康府（今江苏南京）。岳飞这时还在开封附近和王善打仗。七月，杜充被朝廷召回。

杜充放弃了京师开封，回到建康，去保护怕死逃跑的宋高宗。

岳飞不愿意离开中原。岳飞说："现在金军主力专注在江南战事上，我们正好可以在中原这里，一举拿下他们的北边！"

但是杜充根本不理会岳飞，他说："保护皇上才是目前的重任。"无奈之下岳飞只好跟随他到达建康。这一年的闰八月十四日，金人由淮东、淮西两路进犯，窥视江南。

进犯江南的金军分兵两路。西路军由完颜拔离速、耶律马五等指挥，在建炎三年（1129年）十月，由黄州（今湖北黄州）渡江，先后攻入江西、湖南和湖北三路，一路烧杀劫掠，然后北撤。驻扎在江西九江的刘光世军听闻西路金兵来临，逃得无影无踪，致使金军在西路的一支偏师得以横行几千里。只是南方一些村民自动组织抵抗，才使那些金兵遭受一些损失，而有所忌惮。

东路军是完颜兀术（宗弼）亲率的金国军队主力，也是金国女真兵的精锐。

杜充到了建康以后，宋高宗又破格任命他为右丞相，并兼江淮宣抚使，镇守建康，领着行营之众十多万兵马死守建康，其他都可以坐视不管。金人与割据一方的李成的军队合攻乌江，杜充竟然闭门不出。岳飞恨不能亲自杀敌，但又碍于军中纪律，他流着泪，请求杜充出兵。杜充不为所动，反而对岳飞这个年轻人心生厌恶。

完颜兀术（宗弼）军攻打太平州（今安徽当涂县）的采石渡和慈湖失利，改由建康府西南的马家渡过江。宋朝水军统制邵青仅有一艘战船，率十八名水手进行拦击，艄公张青身中十七箭，邵青等力竭败退。另一水军统制却不战而逃。

南宋在长江下游的防线，已被金军节节突破，基本上只剩下一个残破的空壳。

在这个危急的时刻，杜充手中还有六万左右的兵力，杜充得到金兵渡江的紧急战报之后，立马下令令都统制陈淬率领岳飞、戚方、刘立、路尚、刘纲等十七员部将，统兵两万赶往马家渡迎战，又派遣王燮指挥一万三千兵马策应。

当时金军有战船二十艘，每次可载一千人渡江，首先登岸的是渤海万夫长大挞不野，他的军队驱逐了守岸的少量宋军。等到陈淬率军抵达马家渡的时候，金将鹘卢补、当海、迪虎的部队都已渡江，金国军队兵力十分强大。

由于陈淬的妻儿老小都是被金人所杀害，因此他的内心充满了仇恨，抗战的时候不顾个人安危，奋勇杀敌。由陈淬带领的军队也保持了宗泽统兵时的作战风气，个个都冲在最前线，奋勇杀敌，岳飞带领的右军更是争先奋击，同金军展开了浴血奋战……

当时其他各路宋军与金兵交锋时往往一触即溃，或不战而溃，唯独原东京留守司军还是继承了能打硬仗的传统，居然与金国主力部队激战了十多个回合，也未分胜负。

但是宋将王燮胆小怕事，刚一开战，便先行逃跑，各大将领所率领的军队也溃不成军，只有岳飞等部竭力作战，拼死抵抗。由于实力太过悬殊，金军击败了宋将陈淬指挥的两万军队。陈淬阵亡，马家渡失守。

岳飞带领自己的军队退回来，驻扎在今天南京的钟山。杜充听说自己的部队都被敌人击溃了，就放弃了建康城，渡过长江，带着几千亲兵，跑到了江北的真州（今江苏仪征）。金国人立即轻而易举地攻下了建康城。杜充又朝西边去，到达了天长军那里。最后，杜充背叛了宋高宗的南宋小朝廷，投降了金国人。

宋高宗赵构得知杜充投敌，说："朕对杜充从平民到将军，可以说是很好了，他为什么还要投敌？"

从军报国

其实，将一个庸才和懦夫如同擎天柱一般尊崇，也足见南宋皇帝和大臣之有眼无珠。宋高宗逃到临安后，就派遣重臣赴金国首都，请求对方缓兵，并自动去掉了皇帝的尊号，自称"康王"，向完颜宗翰修书一封，用近乎哀求的口气写道："恳请阁下您看在我如此可怜的分上，能够怜悯宽赦我。"宋高宗又北上建康府，致书金人，表示愿意削去宋朝的国号，对金人称臣。金人拒绝了宋高宗的投降，再次南进。

对于岳飞来说，杜充叛国并不见得是一件坏事，杜充叛国之后，岳飞从此就摆脱了那个刚愎自用、心狠手辣的上司的羁绊，从此就开始了独当一面的抗金斗争。

第三章

英勇岳家军

岳家军的初建，更是增强了岳飞抗金的信心，但是最初的环境并不像他想象得那么好。金人的军队像决了堤的洪水一样席卷而来，宋高宗的逃亡使军心浮动，将士们深感前途渺茫。他靠着坚定的意志和满腔的爱国热情，一次次鼓舞着士气，度过了缺粮少衣的寒冷冬季。他带领着自己的军队神勇地平定了一方的土匪，同时也招纳了一批爱国的义士，壮大了岳家军，使之成为一支英勇的队伍。

组建岳家军

　　岳家军是南宋初年岳飞领导的抗金军队。岳家军实际上只是民间对于岳飞崇敬的一种说法，但是并不为朝廷所承认。南宋时起义军蜂拥而起，有很多都投靠了岳飞。然后那些归顺岳飞的农民军队就自称为"岳家军"，这个称呼也得到了广大人民的认可。由于岳飞武艺高强，为人忠直，因此岳飞在士卒中的威望很高，很多人都自愿追随岳飞。

　　岳家军以牛皋、董先各部义军为主要的骨干，后陆续收编杨幺等农民起义军部众，吸收山东两河忠义社梁兴、李宝等，汇成浩荡的大军。岳飞军纪严明，加强训练，号"冻死不拆屋，饿死不掳掠"，金贵族有"撼山易，撼岳家军难"之语。部队久驻鄂州（今湖北武昌）、襄阳，世居其地，南宋末年抗金将士的子孙都曾经加入岳家军，为抗金斗争做出过突出贡献。

　　完颜宗弼占领建康府后，曾经扬言要活捉高宗，高宗吓得魂飞魄散，立马调转方向从明州乘船经海上逃到温州避难。

　　完颜宗弼占领明州后，几经周折却没有捉到宋高宗，于是十分愤怒，决定劫掠一番之后撤兵。金军利用大运河，将劫掠所获用船运往北方，一路攻破秀州、平江府、常州，准备自镇江府北渡。三月，完颜宗弼被韩世忠所部八千余人在黄天荡拦截，被困四十日。因为有汉奸献策，金军掘通河道，将船队经秦淮河引入建康城西的长江江面。韩世忠赶去攻击，却被金军的火箭击退。

在此期间，岳飞带领东京留守司军的残部转战广德军，六战皆捷，俘虏王权等伪军将领四十多名。虽然这个时候，岳家军处于相当困难的境地，粮食已经吃尽了，但是岳飞带领的军队宁可忍饥挨饿，也没有去村中扰民。

建炎四年（1130年）初春，宜兴知县钱谌，听说岳飞的威名和岳家军的状况之后，立即写信告诉岳飞说县里的存粮够一万人吃十年，欢迎他率军保护县境。二月，岳飞应邀进驻宜兴，屯于张渚镇。在宜兴，岳飞收降了因政局混乱而在当地为匪的多支部队，以及金军强征来的河北伪军。岳飞自己就是北方人，平等对待河北、河东等地的伪军。伪军们都传话说："这是岳爷爷的军队。"很多人都来投降。

完颜宗弼画像

之前在杜充投降金国之后，他手下的士兵们都感到深深的迷茫和无助。皇帝、统帅都投降了，我们还抵抗什么？国家已经没有了，我们还抵抗什么？于是，众多将士一哄而散，转做抢劫、掠夺的盗匪勾当去了。

只有岳飞的部队仍然坚持在建康附近打游击战，秋毫无犯。岳飞相信自己还是南宋的军队，是皇家的军队，是国家的军队。但一些游兵散将经常跑到岳飞面前，恳请他当首领，带领所有将士，投降金国去，因此搞得军心动荡。面临这样的艰难时世，这样的尴尬处境，岳飞觉得有必要组织大家进行一番陈词了，于是岳飞召集自己的士兵，慷慨激昂地说：

"今天又有人来劝我投降，我没答应。现在局势动荡不安，你们有这样的心情，我可以理解，但是我岳飞生为南宋的人，死是南宋的鬼，跟着我岳飞的就是杀金人的，不愿意跟随我岳飞的现在就可以走，但是日后刀、箭无眼，就别怪我岳飞不客气了。"话音落下，掷地有声，将士们都不敢出气。

岳飞激昂的言辞让他们深受鼓舞，留下来的，没有人再敢萌生二心。军心稳定之后，岳飞的军队渐渐庞大起来。

国家的战线在哪里，岳飞就在哪里。以前岳飞在黄河流域和金人战斗，现在在长江一带和金人周旋。

金兀术率领的军队过了长江以后，一路南下，刀光闪亮，呼声如潮，开始攻城拔寨。

岳飞在今天的安徽广德境内拦截了金兀术的军队。当时广德已经沦陷了，那里地势起伏，原野开阔。岳飞神出鬼没，和金人打了许多场战争，每次都将金人打得落荒而逃。金人的骑兵到了江南之后，像是陷入了泥泞之中。江南虽然很美，但不是跑马的地方，不是北方的草原和白山黑水。偏偏这时，金人又遇到了岳家军。在混乱、懦弱的南宋小朝廷统治的国度里，遇上一支能打败自己的军队，真的不容易。

岳家军的建立，应该从1130年初杜充叛变投金开始算起。但是岳家军还只是一个口头的称呼，并不是一个正规的编制，在正式的场合是不会出现的。古时习惯以统帅的姓氏来称呼某军，比如张俊部可称为"张家军"，韩世忠部被称为"韩家军"等。有人揣测"岳家军"名称具有私军性质，应该是导致岳飞后来被杀的原因之一。实际上这只是一小部分原因，南宋时期重文轻武是很普遍的事情，最重要的原因是南宋统治者胆小怯懦的本性，对内部将领缺乏信任，这才是南宋一直被金人踩在铁蹄下的主要原因。

后来岳家军又收编了傅庆、郭吉等人，傅庆是卫州窑户出身，他原是戚方部将，在马家渡之战后追随岳飞。两人都是能征惯战的勇将，

英勇岳家军

成为岳飞的左右手。

当时在宜兴县境，还有三支猖獗的土匪。马皋和林聚各有几千人，岳飞派遣辩士劝降，得到了成功。另一支土匪，头目号称张威武，不肯投降。岳飞单骑闯进他的巢穴，趁张威武惊愕之际，将他斩杀，其部下也被编入岳家军。

在内祸外患交迫的岁月里，广大民众的生命财产朝不保夕。居然进驻了一支与众不同的军队，对民间秋毫无犯，这不得不使宜兴的百姓交口称赞，人们用朴素的语言称颂岳飞，说："父母生我们比较容易，将军护卫我们却比较艰难。"

甚至很多外地人也争先恐后地移居宜兴县避难。按中国古代的隆重礼节，宜兴人民出资为岳飞建造生祠，以表达大家的感激之情。古代的祠庙用于尊崇先贤、祖宗，以至神仙鬼怪之类，为活人营建生祠，乃属特例。当地民众简直将岳飞尊奉为神人，这在古代是非常罕见的。

 岳家军中的"猛将"

南宋初年，社会一直动荡不安，迫于生计，很多身强力壮的青年上山为寇贼。朝廷无力控制各支军事武装，兵将骄悍难制，"诸军动则溃，溃则盗，盗则招，招则官，反复循环，无有穷已"。各武装集团溃散、火并之事常有发生，分合无定势。岳飞素以治军纪律严明著称，他的军队作战勇猛，军纪严明，因此许多溃散武装集团纷纷投靠岳家军，成为岳家军中的招降将领，如傅庆、杨再兴、梁兴、孟邦杰、胡清等。

傅庆，原来只是卫州的小小窑户，是建康留守司统制戚方的部下。建炎三年（1129年）戚方叛逃，岳飞率领自己的军队前去招降，傅庆率领自己的队伍归降岳飞，建炎四年（1130年）与王贵在宜兴的时候，曾经展现出威猛的战斗力，大败郭吉；又随岳飞大败叛将戚方。傅庆骁勇善战，屡次立下奇功，但是这个人居功自傲，屡次向岳飞索要钱财，岳飞因爱惜良才，所以不曾计较。他因为不喜欢岳飞严格的军纪束缚，也曾谋投刘光世军，建炎四年（1130年）十一月为岳飞所杀。

杨再兴，原来是曹成的部下，绍兴二年（1132年）随曹成与岳飞战莫邪关。杨再兴杀掉了岳飞的弟弟岳翻和第五将将官韩顺夫，令岳飞心痛不已。后来他被张宪捉住，因为仰慕岳飞的才能，与岳飞结为兄弟，追随岳飞。杨再兴追随岳飞之后，率所部收复长水县及西京险要之地，直逼蔡州，中原响应。绍兴十年（1140年）郾城之战更是展现出了出色的战斗力，单骑入阵擒兀术，兀术仅以身免。与金人战临颍县，率三百骑开路军与金军主力猝遇，战于小商桥，杀敌两千余人，斩万户撒八李董及千户数人，因为敌方人多势众，身受重创而死，是岳飞比较看中的部下之一。

梁兴，原来是河北太行山忠义社的首领。梁兴也是岳家军中一个比较出众的将士，在一次与金兵交战的斗争中，杀死敌兵三百多人。绍兴六年（1136年）正月，梁兴率百余人渡河投靠岳飞，被岳飞任命为湖北、京西宣抚司忠义军统制。绍兴十年（1140年）七月，梁兴会同赵云、李进等渡河，破金兵于绛州垣曲县，又捷于沁水县，收复济源、翼城县；会合乔握坚克复赵州，岳飞班师后，梁兴仍留在河北抗金，收复怀、卫二州。绍兴十一年（1141年）返回南宋，官至亲卫大夫、忠州刺史，任鄂州御前选锋军同统制。

孟邦杰，原来是刘豫的部下。刘豫叛变之后，孟邦杰慕名前来归

岳家军画像

降岳飞。绍兴十年（1140年）七月，岳飞北伐，派遣孟邦杰经略西京、汝、郑、陈、光、蔡诸州，作为援助力量。孟邦杰统制忠义军马收复南城军，杀金兵三千余人，夺得金兵无数的器械，又乘胜收复永安，是一个比较勇猛的大将。

胡清同孟邦杰一样，原来也是刘豫的部下。绍兴八年（1138年），胡清率十余将归附南宋，宋廷诏胡清等隶岳家军，任选锋军副统制。绍兴十年（1140年），金兀术、韩常攻颖昌府，胡清与董先率所部守城，同岳飞的长子岳云里应外合，夹击金兵，杀其统军夏金吾、擒千户等七十人，杀死金兵五千人，取得了卓越的功绩。

岳家军兵精将强，成为朝廷的一支王牌劲旅，只要边防军情紧急或内地寇盗充斥，必调岳家军应付战事，并拨隶一部分当地军队归岳飞指挥。绍兴三年（1133年）九月，岳飞第二次朝见宋高宗。宋高宗亲笔书写"精忠岳飞"四字，绣成一面战旗，命岳飞在用兵行师时作为大旗。又任命岳飞任江南西路舒蕲州制置使，将驻守蕲州的统制李山，屯扎江州的统制傅选两支部队并入岳家军，将淮南西路舒州和蕲州的防务并入岳飞的防区。岳家军的军号也由"神武副军"升格为"神武后军"。

在抗金斗争中，有些将领战事结束仍回归本司，但是有相当一部分的士兵则因之编隶岳家军中，成为岳家军中的拨隶将领，从而也壮大了岳家军。

这些拨隶将领中，也有一些骁勇善战，屡立战功的名将，为抗金斗争做出了重要的贡献。

牛皋，汝州鲁山人，先隶京西制置使翟兴为射士，后来归属杜充部下，因为大战金兵有功，后被升迁为荣州刺史、留守司中军统领。绍兴三年（1133 年）李成南侵，牛皋失镇，宋廷诏隶岳飞。任岳家军中部统领，绍兴四年（1134 年）破随州，复襄阳，又与金人战庐州，皆获得大捷。绍兴五年（1135 年）平杨幺，除武泰军承宣使，升湖北、京西宣抚司左军统制。绍兴十年（1140 年）岳家军北伐，牛皋出兵沛、许。绍兴十一年（1141 年）宣抚司罢，改任枢密行府提举一行事务、鄂州御前左军统制。绍兴十七年（1147 年），被鄂州御前诸军都统制田师中毒害。

李兴，原为河南府兵马钤辖，知河南府。绍兴十年（1140 年），伪齐将李成南侵，李兴率领大军前去抵抗，后来撤退到永宁白马山。岳飞奏乞李兴归隶岳家军，朝廷诏允。岳飞差李兴兼湖北、京西宣抚司左军统制。岳家军北伐，李兴率所部战河南府，又战永宁军，都取得了胜利。

郝晸，原为湖南安抚司统制官，从荆南制置使王瓘讨湘寇，不禀号令。绍兴五年（1135 年）岳飞赴湖湘平杨幺，诏令其拨隶岳家军，任中军副统制。绍兴六年（1136 年）与王贵、董先攻卢氏县克之；又与伪齐西京留守司统制郭德等战邓州，生擒郭德，招降千余人，获马五百匹。绍兴十年（1140 年）随岳飞北伐，率所部赴京西援李兴，收复西京。

随着岳家军的逐步壮大，岳飞的名声越来越响亮，金人听到岳家军的名号都会闻风丧胆，这在一定程度上遏制和打击了金人。

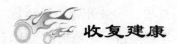 **收复建康**

建炎三年 (1129 年) 秋，为了消灭南宋，完全吞噬南宋的领地，金主毫不理会宋高宗奴颜无耻的"摇尾乞怜"，任命完颜宗弼 (即金兀术) 为统帅，率大军分东西两路浩浩荡荡地南下，东路一直由金军将领金兀术直接指挥。金军来势迅猛，所踏之地都被掠抢而空。许多南宋将领听说金兵来袭，为了保住自己的性命，竟然无耻地置全城百姓于不顾，急忙逃跑，最后无耻叛国。

女真南侵兵马的进军速度极快，他们吞噬中原大地之后，还没有完全安定下来，就再次展开了攻城掠地的战斗，直接将矛头指向浙东。然而金人当初的目的只是想活捉赵构，把统治东南半壁的这个赵姓政权消灭掉。但是却没有预料到在这次追袭过程当中，"江北之民，誓不从敌，自为寨栅，群聚以守者甚众"。过江以后，也同样不断受到各地民兵的阻击。当金军横行于浙水沿岸时，又曾被桐庐县的乡兵击败于该县境内的牛山下。经受到上述种种挫折之后，金军才发现，想要活捉赵构并不是一件容易的事情。于是金人又放弃了追袭赵构的计划，也放弃了所有已经攻陷的江南州郡，调转头去专力经营中原和华北各地。

建炎四年 (1130 年) 春，金军统帅兀术声称"搜山检海"已毕，接着便率领自己的部队开始往北进军。在金军北返的路途中，懦弱的南宋官兵并没有进行抵御，但是金军却遭到了地方百姓的奋力抵抗。兀术打算从镇江渡江，径返扬州，不料被扼守长江的韩世忠的军队在黄天荡拦截住，僵持的局面一直持续了四十八天，无奈之下，他只好掉转方向，把金军调回到建康。

建康府（今江苏南京）成为金军在江南仅存的立足据点，对于金军以后再下江南，吞灭宋朝，无疑具有非常重要的军事价值。

当兀术和韩世忠在长江相持的时候，盘踞在建康的金兵，在城东北的钟山、城南的雨花台构筑大寨营垒，开凿了两道护城河，并在山上挖了洞，以供"避暑"之用。

金兵在建康驻扎让高宗担忧不已，生怕金军会把建康府打造成下一次进攻江南的基地和跳板。于是高宗加紧了对所在建康的金兵的军事防御。

高宗几乎调动了可以动用的全部兵力。南宋朝廷在长江中下游已经部署了刘光世、韩世忠、张俊这三支部队，而宰相赵鼎还建议说，应急召在四川的张浚的兵马顺江东下，以相策应。

可惜的是，虽然这些队伍相对来说比较庞大，但是这些队伍的将领大多拥兵自重，面对金人的侵袭，谁都不愿意前去冒险。这就让金兵更加猖狂了。

当时勇于承担收复建康重任的，唯有新兴的抗金劲旅，岳飞的岳家军。

建炎四年（1130年）四月二十五日，即韩世忠战败的当日，岳飞在位于建康城南三十余里的清水亭与金军交战，获得大胜，杀死无数的金兵，极大地鼓舞了士气。

但是敌方人数众多，在敌众我寡的情势下，想要彻底击垮兀术统率的彪悍的金国大军，无疑等于是白日做梦。于是岳飞改变了作战策略，自南而北，驱逐金军过江。

建康城南有一座山，上方双峰东西对峙，因此取名牛头山。

建炎四年（1130年）五月初，岳飞率军前往清水亭之西十二里的牛

英勇岳家军

头山扎营，山上"林树葱郁，泉石相映"，良好的地理优势，为士兵们提供了休整的条件。

在这期间，岳飞曾经派遣一百名英勇善战的士兵混入金兵的大营突袭金兵，取得了战略性的成果。这给金军不小的打击，为了防止岳军再次偷袭，金人不得不加强巡逻，但还是遭到岳家军的伏击，歼灭了巡逻的全部部队。

从建炎四年（1130年）四月到五月，岳家军先后与金国女真主力军作战几十次，都取得了一定的胜利成果。战事的节节胜利，使得岳家军士气大振，同时金军将领兀术也开始意识到占领建康是一个比较棘手的难题。

自建炎四年（1130年）五月五日开始，兀术自知无法长久盘踞建康，便开始知会其部下大规模地烧杀抢掠。岳飞知道这是金人即将撤退的迹象，于是再次率领三百精锐骑士和两千勇猛的步兵冲下牛头山，直攻金军将领兀术。宋将杀得金兵抛旗弃甲，四散败走，众将依然在后面紧追不舍。

兀术一路往北逃，来到汉阳江口，忽然听见前面金兵纷纷叫苦。兀术到了前面一看，长江波涛滚滚，挡住去路，又没有可以渡江的船只。岳家军的队伍越来越近了，兀术吓得浑身发抖，仰天大叫道："天亡我也！我自进中原以来，从未如此失败过。如今前有大江，后有追兵，这将怎么办？"正在危急时刻，哈迷蚩用手一指："狼主不要惊慌！快看，那是我们的船！"

果然前边的船上挂着金兵旗号。原来那战船上的将领正是杜吉、曹荣，因为他们被宗方打败了，驾船逃走，刚好路过这儿。哈迷蚩大喊："快来救四太子！"杜吉等见是金兵，飞快靠岸。兀术、军师等依次上船。船少人多，根本就装不下了，金兵你推我挤的，后面的金兵纷纷挤落下水。兀术见追兵已经近在眼前，只得下令开船。岳飞率军追到江口，一阵狠杀，那些没有上船的兵将被杀的被杀，投降的投降，岸上的人马去了十之八九。兀术在船上目睹这一切，掩面流泪，心如刀割。这一仗可以说是惨不忍睹了，自己南下时带领六十多万金兵，最后只逃走了一万多人，这如何不叫自己痛心啊！

岳家军收复建康的战役历时半个月，斩获金国女真兵"秃发垂环者之首无虑三千人"，擒获千夫长留哥等二十多名女真兵军官，其中还不包括其他民族的敌兵。仅靖安一小战，即俘获敌兵三百多人，其中包括十八名女真兵。

收复建康的一系列战役是岳家军初步成军以来取得的首次辉煌胜利，之后岳家军进驻建康城。虽然收回了建康，但是经过金人的烧杀抢掠之后，建康城早已是面目全非，居民的尸体遍布纵横，血流遍野，岳家军的将士们含恨埋葬了这些无辜的百姓。面对金人惨绝人寰的血腥手段，岳家军的将士们个个都十分愤慨，发誓誓死灭掉金人，以报国仇和家恨。

 班师回宜兴

五月中旬正式收复建康，五月下旬岳飞就开始忙碌着把此次战争的俘虏运回南宋行朝，听由高宗发落。之后，由于军事任务圆满完成，岳飞开始率部调头回到宜兴的张渚镇去。

岳飞和刘经原是患难与共的战友。岳飞率部北上收复建康之时，命令刘经留守宜兴县。刘经和他的部属全部留驻在宜兴。当岳飞得胜回师，途经溧阳县时，忽然有刘经的部将王万前来密报岳飞，说刘经

现在正在密谋策划，企图乘岳飞还没有回到家中，把岳飞的老母、妻子、儿女等全部杀害，然后吞并岳飞留在宜兴的部队。

在南宋初年那兵荒马乱的乱世，杀掉某个统兵官，吞并他的部伍，是屡见不鲜的事。但是自己的好朋友要向自己下毒手，这让岳飞十分伤心。因为关乎到家人的安全问题，于是岳飞立即派遣部将姚政火速赶回宜兴，要他一定设法把刘经杀掉。

姚政在夜晚抵达宜兴，不敢有丝毫怠慢，一边将岳飞的家人安置好，在岳飞母亲的住屋内布置了埋伏，一边派人邀请刘经，诡称岳母姚氏有急事，要同刘经商量。

刘经不知道这其中有诈，于是便匆匆赶到岳飞家中。进入岳母住室之后，埋伏在室内的士兵立即起而把他杀死。之后没有过多久，岳飞也带领了一些士兵赶了回来，向刘经的部队宣布了这一事件的原委，并对全军加以安抚。

由于岳飞在军中颇具威信，因此这件事情并没有引起巨大的风波，相反，刘经部队自愿归属到岳飞的部下。王万和姚政都是汤阴人，后来成为岳家军的统制。

之后岳飞回到了宜兴县的太湖之滨的张渚镇，张渚镇有一个文人张大年是岳飞的好友，这个张大年品性高雅，曾在太湖边修建了一个"桃溪园"。岳飞自从屯军宜兴以来，经常到张家走走，桃溪园更是他经常去游赏的地方。

一日岳飞又来到了桃溪园，此时，正是江南风景最佳之时。高堤上杨柳垂下万千碧绿的枝条，随风轻摇。三三两两的紫燕穿行在柳枝之间，嬉戏追逐。几只白鹭从清碧的太湖上掠过，渐去渐远，消失在水天相接的苍茫之中。

面对如此美景，岳飞却满面愁容，张大年十分不解，于是便询问岳飞："此良辰美景，岳将军为何似有闷闷不乐之意？"岳飞回道："这何止是美景啊，还有美酒、美食，简直是人间天堂，但是不知道有多少人，因为金军铁蹄的践踏，失去了家园，亲离子散啊！"

"岳将军胸怀天下忧乐，无日不想着驱除金虏，老夫敬佩之情无以表达，且请满饮一杯。"张大年举杯说道。

饮完这杯酒，想着无数死在金军铁蹄下的冤魂，岳飞不禁悲痛地吟道："及长城之壮。余发愤河朔，起自相台，总发从军，大小历二百余战，虽未及远涉夷荒，讨荡巢穴，亦且快国仇之万一。今又提一垒孤军，振起宜兴，建康之城，一举而复，贼拥入江，仓皇宵遁，所恨不能匹马不回耳！

今且修兵养卒，蓄锐待敌。如或朝廷见念，赐予器甲，使之完备，颁降功赏，使人蒙恩，即当深入虏庭，缚贼主，喋血马前，尽屠夷种，迎二圣复还京师，取故地再上版籍。他时过此，勒功金石，岂不快哉！此心一发，天地知之，知我者知之。"

这样的雄心壮志一直萦绕在岳飞的脑海中，杀敌报国是他此生最大的愿望。这首诗经过长期的凝练便成了后期的《满江红》。岳飞的文才自不必说，他爱好读书，书法颇佳，时人称"室有邺架""字尚苏体"。他还爱与士子文人交往，"往来皆高士"。

他热切报国的一腔热情更是人所共知，岳飞直到最后一战，都是身先士卒。官职不高时自不必说，升任通泰镇抚使后，为掩护大队和百姓过江，亲率后卫死拒南霸桥头，挡住金兵唯一去路。在这次战役中岳飞多次受到重伤，岳家军后卫战死无数，但是他和他的军队都没有退缩。直到死前最后一场恶战——郾城之战时，他还亲率铁骑突出阵前。都训练霍坚怕有闪失，上前劝阻："相公为国重臣，安危所系，奈何轻敌！"岳飞回答："并不是你所知道的这样！"见主帅亲自冲锋陷阵，岳家军士气大振，一举击破金兵。可见岳飞对金人的痛恨，以及保家卫国的决心。

英勇岳家军

讨伐土匪戚方

戚方原是扈成部属。金兵大举进攻。朝野动荡不安，戚方心怀叵测，在金坛乘机将扈成杀死，落草为寇。

戚方落草为寇之后，大肆地拦截钱财，这让高宗十分恐慌，于是就立即下令要求张俊前去讨伐戚方。张俊，南宋武将，字伯英，曾成纪（今甘肃天水）人，后转主和，成为谋杀岳飞的帮凶之一，并以此博得宋高宗深宠。晚年封清河郡王，显赫一时。

但是此次朝廷派遣剿灭戚方的主将是张俊，岳飞只是配合张俊大军的围剿行动。岳飞接到战斗命令以后，便立刻起身返回宜兴进行战斗准备。岳飞此次作为偏师出兵，因此岳家军并没有全部参加征讨戚方的军事行动。岳飞只率领三千士卒离开宜兴与张俊会师。

岳家军到了之后，选择在广德军城南的苦岭驻扎了下来。戚方听到岳飞带队前来的消息之后，心中感到不安，戚方听说过岳家军的勇猛，此前戚方与岳飞有过宣抚司同事的关系，也知道岳飞是个厉害的角色，此次前来一定不会放过自己。这时候戚方就开始想办法为自己谋求生路了。

为了防止岳飞在短时间内攻破自己，戚方赶紧下令拆了岳飞前行道路上的一座桥。岳飞知道之后，率兵来到官桥查看，看到被破坏的桥，心中十分恼怒，于是放手射了一支箭，正中对面的栏杆，然后才气冲冲地返回了军营。

　　戚方看到这支箭深深地嵌入栏杆，心中十分恐慌，思来想去，觉得自己并非岳飞的对手，硬拼不会有好的下场，于是连夜用马车拉着财宝，率领众多小贼逃跑了。

　　岳飞得到戚方逃跑的消息之后，立马派遣傅庆追击戚方，但是傅庆并没有追赶上戚方。逃跑了的戚方在途中得到自己的兵力援助之后，就开始转向反扑岳家军，这时候岳飞也带着大队的人马追上了戚方。两军对垒，展开了殊死搏斗，戚方和岳飞一样都是使用弓箭的好手，他看到岳飞之后，立马抽出一支箭，射向岳飞，但是并没有射中。

岳家军出征图

　　岳飞与戚方大战了十几个回合，戚方的军队被岳家军打得晕头转向。戚方看到自己的势力不如岳飞，于是再次选择了逃跑。战斗从现在起就变成了彻底的追歼战。戚方一路逃跑到浙江湖州，岳飞就一路穷追猛打到湖州，直把戚方追得走投无路。

　　就在这个时候，张俊带领的大队人马也赶到了湖州，戚方自知两军会合，自己定要惨败，这时，想出了一个计谋。戚方知道，岳飞定是不会放过自己，于是戚方选择了张俊为投降对象。

　　张俊是一个喜欢钱财的人。为了保住性命，戚方献出了六百匹马和无数金银给张俊做见面礼，戚方确实是一个有财之人，史书曾这样记载他："自方到行在，日与中贵人蒲博，不胜，取黑漆如马蹄者，用炭火去漆，乃黄金也，以偿博负。每一博不下数枚。于是方已受正使矣，时人为之语曰'要高官，受招安；欲得富，须胡做。'诏迁方武翼大夫，以其军六千人隶王璨军。后因以方位裨将。"

戚方虽然选择投降了张俊，而张俊因收了戚方的贿赂也保住了他的一条性命，但是这时候戚方还是害怕岳飞的，为此张俊特意安排了一个庆功宴，来缓和戚方和岳飞之间的关系。

席间，张俊召来戚方见岳飞。戚方见了岳飞以后，便号啕大哭。岳飞旋即指出戚方的几大罪状：一是脱离建康军队编制，反叛朝廷；二是岳飞曾经派人劝戚方归顺官府，戚方不从；三是戚方四处掳掠，危害一方；四是杀扈成，并将扈成一门全部杀死。这四条罪状一经罗列，戚方有几条命也保不住了。

这时候戚方就把救助的眼光投向了张俊，希望张俊能帮自己解围，当时张俊是主将，而岳飞只是辅助配合张俊前去围剿戚方，主将已经决定要宽恕戚方了，岳飞这时候也无能为力了，只好答应不杀戚方。

但是岳飞又提出了要求，岳飞在追击戚方的时候，曾经发誓要活捉戚方，再让戚方一寸寸地将箭折断，于是岳飞将箭扔给戚方，戚方接过箭以后，两腿战栗，身上衣服全被冷汗浸湿了。他不敢抬头看岳飞，赶紧一寸寸地将箭折断，这才保住了自己的一条小命。

刘豫的伪齐政府

　　刘豫，字彦游，景州阜城（今属河北）人，世代务农。宋徽宗元符年间，刘豫中进士及第，从此踏上他的仕途。政和二年（公元1112年），刘豫诏拜殿中侍御史，可谓一步登天。可惜的是宋徽宗对他并不看重。刘豫多次上书奏请关于礼制的问题，徽宗皆不以为然地说："刘豫，不就是河北一个田叟吗，难道他还懂得礼制？"于是罢贬刘豫为两浙察访。对此，刘豫心中一直有怨气。宣和六年（公元1124年），宋廷又任命他为河北提刑。

　　建炎二年（1128年）春，赵构逃往扬州，金人开始对山东虎视眈眈，这时河北提点刑狱的刘豫坐不住了，于是赶紧携带老小来到了真州。刘豫本来只是打算躲开金人的兵马，保住自己的小命，出乎意料的是宋朝廷又委派他去做济南府的知府。当时济南正是敌人围攻的地方，刘豫哪有胆子去，于是刘豫也提出了抗议，但是抗议并没有起到任何的作用，最后他还是被派到了济南。

　　建炎二年十一月，金兵再次侵入山东，守城官兵虽全力抵抗，但终因众寡悬殊，后援不济，德州、淄州、青州、潍州相继失陷。十二月，金将挞懒率兵南下，东平府（今山东东平县）守臣权邦彦手下无兵，无力抵抗，不顾老母和妻子的死活，自己一个人南下逃跑了。金兵攻下东平后，又东向攻下兖州、郓州，大举进攻济南府。知府刘豫连忙派遣他的儿子刘麟出城迎战，金人出兵将城围了个水泄不通。金将挞懒在军事围攻的同时，又派出使者劝降，向刘豫许诺：如果投降了就会让你荣华富贵，一生享之不尽。刘豫本来就对宋廷有成见，又见有优厚利禄，遂谋叛降。但是刘豫帐下有一骁将关胜，作战勇猛，十分有骨气，他誓死拒绝投降。刘豫也曾多次劝说，但是都没有成效，刘豫一怒之下，便派人偷偷地将关胜杀害了。可城内百姓也都反对投降，将道路挡住，决不让刘豫出城，没有办法，刘豫只好乘人不备，偷偷地爬上了城墙，顺着绳子滑坠到城下，拜倒在挞懒面前，献城投降，济南失陷。

为了赢得挞懒的欢心和宠信，刘豫把他所搜刮到的珍玩宝物送给挞懒，极力地讨好挞懒，最后他的愿望达成了，得到了挞懒的信任。

金兵虽然攻占了山东，但山东地区人民的抗金斗争并未停止，在各地不时地袭击金兵。女真贵族感到汉人难治，于是决定在中原地区立一傀儡皇帝以统治汉人，以达到"以宋人治宋人"的目的。刘豫了解到金人的这一想法之后，就更加卖力地讨好挞懒，并用重金贿赂挞懒手下官员帮助自己说话，最终挞懒确立刘豫为"伪皇帝"。

1130年，金立刘豫为"大齐皇帝"，将黄河以南地区划归刘豫统治。

伪齐政权建立后，刘豫很快从大名迁都东平府，并改东平府为东京，改原东京为汴京。南京为归德府，大名仍称北京，兴仁府降为州。在刘豫看来，自己出生在景州，守济南、节制东平，即皇帝位于大名，这四个郡是他的发祥地，于是从这四郡中征募壮丁六千余人，号"云从子弟"，作为他的护卫亲兵。同时，又将六十岁以下、二十岁以上的山东百姓都签发为兵，许多汉族农民被驱赶到进攻南宋的战场上，每次开战，汉人在前，金兵在后，汉人稍有迟缓或退却，便被后面的金兵杀死。

刘豫当了皇帝之后，并没有停歇，他任用了一批文武大臣和地方吏，其中的大多数原先都是宋朝的官吏，是在双方作战期间投降于女真统治者的。在此期间刘豫还招抚了附近的很多游寇，正是这些降兵降将，逐渐形成了伪齐政权所倚恃的主要武装力量。

南宋水军都统制徐文，因为与主将阎皋不和，带着四千人，乘六十艘海船，从明州来到盐城（今江苏盐城），也归降了刘豫。这些武装力量都极大地鼓舞了刘豫。于是刘豫就开始和金人策划一系列攻打南宋的策略，南宋和金人以及伪齐政府之间正式拉开了战斗的序幕。

 泰州战役

金兀术退出建康之后，沿着运河一路向北撤退，在攻打承州（今江苏高邮）、楚州（今江苏淮安）时遇到南宋驻军的拦截。

由于很多宋军官兵贪生怕死，所以大多在战争中逃跑了，而且宋军一向都是各自为战，彼此之间不配合，这就让金人捡了便宜，他们很容易就攻破了扬州和承州。当时镇守楚州的抚使是赵立，金兀术曾派遣大批的士兵围困楚州，但是都被赵立打退了。

这个时候金兀术奉命西调，围攻楚州的任务就交给了原来主持淮南战场的金将挞懒。

当时宋高宗下令派遣张俊前去解救楚州，但是张俊以兵力不足为由拒绝受命，后来高宗又派张世光前去，张世光也推辞不前。

八月十五日，岳飞受命前往泰州驻守。八月十八日，部队便从宜兴出发。

八月二十一日，部队进至江阴，待渡。

八月二十六日夜二更，岳飞因军情紧急，率轻骑先入泰州，辎重在后。

九月九日，大军齐集泰州。

岳飞到达泰州后，便听说金兵围困楚州的消息，他立即做出调整，自己率领一部分精干骑兵小分队首先渡江，又命张宪率领其余部众渡江。

他并没有立即采取行动，而是贴出告示安抚民心，接着整顿泰州军务，召集泰州士兵比试武艺，在此次比赛中选出一百名身高体壮、武艺高超的士兵充当自己的亲兵。不久，张宪率领的大队人马到达泰州，为了维护百姓的正常生活，岳飞下令严守军纪，不得骚扰百姓，这些举措深得泰州人民的拥护。一切都安排完毕，各项工作已步入正轨，岳飞命张宪留守泰州，自己率领数千精兵火速赶赴楚州助战。

不久前失守的承州正处于泰州和楚州的中间，是援楚的必经之地，这里有金兵重兵把守。为使援楚成功并解除后顾之忧，必须先攻克承州，于是，岳飞命令部队对着金兵承州大营扎下营寨。

但是，岳飞的兵力实在太少，以区区数千之众与实力强大的金军作战，无异于以卵击石。他向刘光世连续发了两封公函，请求拨给十天的粮草，调拨两千人马。令他失望的是，他的公函如石沉大海一般，毫无音讯。此时岳飞的部队已处在孤军无援的境地。在这种情况下，岳飞仍然主动出击，进行殊死搏斗，前后三战三捷，俘获金兵将士七十余人，但即使如此，仍由于兵力太弱，始终未能攻克承州。

此时，楚州战况日趋恶化。金军集中全力日夜不停地攻打楚州，赵立虽然已经尽自己的全力守卫，但是敌军的兵马实在是太多了。在楚州外围，只有赵立的结义兄弟淮安军镇抚使李彦先的少数人马牵制金兵，楚州陷入危机之中。

建炎四年（1130 年）九月中旬，赵立在城楼指挥反击时，不幸被金兵炮石击中头部，壮烈牺牲，但是他直到最后一刻仍然大喊着要消灭金兵，这令岳飞十分佩服。

泰州这地方，地势险要，而镇守的岳家军兵力明显少于敌军的数目，而且也没有粮草可供补给。刘光世不给予援助，以致岳家军的装备非常差，许多士兵在寒冷的冬季都没有棉衣穿，处境十分困难。岳飞把金军进攻的消息报告给朝廷，希望朝廷能给予援助。但朝廷的答复是，能打就打，能守就守，实在不行就撤退。这让岳飞心中十分不快。幸而邻境有一个鼍潭湖，被一支由梁山泊转移来的水军所占领，可以作为一道军事屏障。

这支水军的首领张荣在聚集梁山泊之前，也曾率领大批的将领多次追杀过女真南侵兵马。当挞懒率领山东境内的女真兵马南下的时候，张荣率领着自己的军队顺清河而下，并把每一艘船都装满粮食，进驻于鼍潭湖中，积荻为城，用泥加以涂抹。然后多次向金兵发出挑战，诱敌深入，使敌人步骑四集，都深陷在泥淖之中，死伤无数。但到建炎四年十一月初，天寒冰冻，女真兵马遂得并力攻其荻城。张荣力不能当，无奈之下就焚掉他们无法带走的东西，弃其荻城，率其舟船和水军转往兴化县的缩头湖中去了。

女真兵马把张荣的水军驱逐出鼍潭湖，这实际上等于打开了诛杀泰州的通路。岳家军寡不敌众，岳飞实在招架不住，为了保存自己的军事实力，只好忍痛做了放弃泰州的决定。

岳飞撤退之时，金兵曾在后面穷追不舍，为了保存实力，岳飞同敌方打起了游击战术，边打边撤退，岳飞的队伍安全撤回泰州。此次战争虽然没有取得胜利，但是也在一定程度上打击了金军。

在柴墟镇有一道九里多长的城墙，岳飞打算以此为屏障抗击金军，掩护几十万百姓渡江南撤。金兵追到柴墟镇，岳飞率军与金兵展开激战，金军把岳家军层层包围，企图依靠人多势众全歼岳家军。

岳飞奋勇杀敌，往来冲突，身负两处枪伤，仍然与全体将士并肩死战，杀死了许多金兵，致使河水都变成了红色。金兵的进攻再一次被击退。

英勇岳家军

岳飞亲自率领两百名精锐骑兵断后，催促大批百姓尽快过江。部队和百姓顺利渡过长江，脱离了险境。回到江南的岳家军，奉命在江阴驻防待命。从此，岳飞的军事生涯进入了另一个阶段。

这个时候岳飞已经是南宋王朝正规部队中的一员将领，但是却被委派为通泰镇抚使兼知泰州，辖区在扬州以东，从泰州到南通一带。

从表面上看这是朝廷对岳飞的器重，然而岳飞却并不这么认为，首先同他一起被委派为镇抚使的大多是一些什么样的人呢？其次他觉得自己是一个军人，一个军人的最光荣的使命就是保家卫国，但是自己却只能够守在小小的一隅，这是对他的一种不尊重。于是他挥笔写了一封《申状》给南宋王朝的尚书，来表达他内心的真实想法，但是高宗却装作不知。虽然岳飞想为朝廷效力，但是却并不为朝廷所重视，无奈之下，岳飞只得带领自己军队上任。

第四章

收复襄阳

　　从12世纪20年代到30年代后期，岳飞以自己杰出的军事才能，率领岳家军进行了大大小小数百次的战斗，对内平息了一大批的流寇、土匪，对外严重地打击了侵略者嚣张的气焰，收复了襄阳，保卫了南方的社会生产活动，极大地鼓舞了军民的抗金斗志。在不到十年的时间里，他就用自己的军事实力打响了岳家军的名号，成为抗金斗争四大将领中最为年轻的青年将帅，成为南宋抗金斗争的中流砥柱。

秦桧当家

公元 1131 年，宋高宗改年号为绍兴元年，这一年岳飞二十九岁。宋高宗的行宫在越州（后越州因此而叫绍兴）。

这一年，有个叫秦桧的人到了越州。他并不是一个军人，只是一个小小的儒生。但就是这个小小的儒生改写了岳飞的命运，他到了朝廷之后很快爬上了大官的位置。

那么秦桧到底是一个什么样的人呢？

秦桧以前是一个乡村教师，但是他觉得没有前途，后来中了进士，便扶摇直上。靖康元年（1126 年），他已经是北宋官员，金兵南下进攻汴京，北宋派秦桧等人同金人谈判，当时秦桧不同意割地。宋徽宗、宋钦宗被俘后，金人立张邦昌为傀儡皇帝，时任御史中丞的秦桧还签名反对。于是，金人将他和他的妻子王氏活捉了去。

被俘的宋徽宗得知康王赵构在南边即位后，立即致书金国元帅完颜宗翰，与他约定和议，秦桧此时就是负责将和议书修改、加工、润色的人。

同时，秦桧还是一个执行和议的人，金太宗很喜欢他，把秦桧送给了他的弟弟挞懒使用。秦桧成了挞懒的汉族亲信。金兵南下时，挞懒都随军携带着他。王氏也找了借口，跟着南下。秦桧到达楚州后，还做过劝降楚州宋军的事。

挞懒担任淮南战场金兵主帅时，携带秦桧一起出征。这个时候的秦桧已深得挞懒的信任。秦桧在挞懒的示意下，携带家属和贵重财产溜出楚州向南逃窜，一路上金兵假装追击，以打消宋朝人民对他的怀疑。于是秦桧不失一人一物地顺利渡过长江。秦桧南归后，自称是逃离虎口的宋朝忠臣，同时，他又说自己在北地时见到了宋徽宗赵佶，这自然引起了宋高宗的注意。于是高宗急忙召见秦桧，想多了解关于金国和宋徽宗赵佶更多的情况。

于是秦桧就抓住这个时机讨好高宗，又说自己同金兵主帅挞懒关系密切，并暗示说，如果想同金朝议和，自己可以作为使者出面。高宗很看重秦桧与挞懒的关系，立即任命他为礼部尚书，之后秦桧不断在高宗面前"甜言蜜语"，赢得高宗的信赖，后来升为宰相。

取得高宗的信任后，秦桧马上实行破坏大宋统治的计划，抛出"南人归南、北人归北"的政策。秦桧向宋高宗进言："臣以为，要想天下无事，须是南边归南边，北边归北边才行。"之后"南边归南边，北边归北边"，这一句话便成了秦桧的名言，也是他这一个时期的政治主张。他还呈上自己写的《与挞懒求和书》，表示愿为议和承担"沟通"的角色。秦桧在金国四年，刚刚回宋，人们就怀疑他，为什么竟敢在第一次晋见高宗时，提出宋金议和、南北分治的卖国政见？他不怕激怒高宗，遭到杀身之祸吗？

这是因为秦桧心中有数。自从高宗登位后，朝廷一次又一次地派使者前去金国，低三下四地向金主乞和，这些过程以及高宗内心的秘密，金人很可能透露出来，秦桧也可能从挞懒处知道得更清楚。只是那时金军处于有利形势，亡宋是那时金国的决策，金国不屑于同宋和谈，因此，高宗虽一再派出议和使，自然都没有得到什么结果。如今，军事上虽逐渐趋向相持，但高宗仍然在求和，这就是秦桧敢于出面提倡议和的原因。

高宗希望通过秦桧与挞懒的私人关系，迅速达成与金媾和。无奈，当时金国朝廷中主战的粘罕派掌握着实权，挞懒派虽倾向与宋谈和，但不能左右朝论。因此，高宗的和议希望不仅成了泡影，甚至连派往金国的使者也往往被扣留不还，至于金军的进攻更是连年不断。残酷的现实使高宗感到，没有军事上的实力，就没有谈判议和的条件，这时他才认识到李纲的"能战而后可和"的意见是正确的。又由于抗金将领韩世忠、岳飞、吴玠等人在东西战线上的胜利，主战的舆论高涨，高宗迫于舆论，才乘吕颐浩、黄龟年揭露秦桧"专主和议，阻止恢复"的机会，于第二年的六月罢免了秦桧的宰相职位。

南宋初年的武装力量主要来自陕西、河北、河南，因此在建炎三年（1129 年）二月内金人攻陷扬州城时，就在城内揭榜说要"西北人从便还乡"，实际上其用意就是要瓦解南宋的武装力量。如果高宗听从了秦桧提出的这个政策，那首先就要把出生在北方和中原地带的士兵和将官一律遣返原

跪拜在岳飞墓前的秦桧夫妇塑像

籍，那就等于是自动解除武装。

女真的军事首脑不仅想以这样的方式解除南宋的武装力量，而且还在各路加强对南宋的军事压力。女真贵族一直打着消灭南宋政权的主意，但是当时南宋上下受尽了金人的欺凌，朝野上下都充满报仇雪耻、收复失地的呼声。在这种形势下，秦桧提出的政策当然会遭到众人的唾骂了，赵构本人也是北方人，这个政策着实让他感到难为情，他向人说道："秦桧主张要使南人归南，北人归北，我就是一个北方人，将归往哪儿去呢？"

我们从赵构罢免秦桧的宰相一职可以看出，赵构对于屈服金人有着一定的矛盾性，他并不想完全屈服于金人，做金人的俘虏，所以他

就间或采纳抗战派的主张，允许他们去对金人进行武装斗争。但是秦桧提出的主张是完全臣服于金人，并不是他所愿，而且朝野上下声讨秦桧的呼声很大，他不得不顺应时势罢了秦桧的职务。但是由于他怯懦的本性，他并没有杀掉秦桧这个通敌卖国的罪人，而是为自己留了一条后路，万一有一天到了不得不屈服于金人的地步，也好让秦桧再去做说客，达到议和的目的。

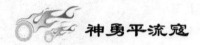

神勇平流寇

金朝内部一些主和派，表面上开始缓和了对宋朝敌视的态度，实际上是想瓦解南宋的武装力量，以获得完全的控制。这些主张使得金人暂时放松了对南宋的进攻，战争形势有了缓和，这让南宋暂时有了喘息的机会。

自金人攻打南宋开始，天下形势大乱，很多人流为盗贼，横霸一方，尤其是江西、湖南一带，盗贼更为猖獗，这些盗贼的猖獗程度令人发指，成为南宋严重的威胁，这时候，安内成了主要问题。

由于受到游寇的危害，老百姓处于水深火热之中，连遭内乱外患之苦，无路可走，纷纷起义，自己建立政权，抗赋税，保家园，以求得生存。鼎州（今湖南常德）钟相起义，就是为了反抗游寇孔彦舟而组织起来的。从稳固南宋政权考虑，游寇这一祸害必须先行剔除。

于是，宋高宗任命江南路招讨使张俊为江淮路招讨使，要他率领军队讨伐在江淮、两湖地区为患最为严重的游寇李成、张用、曹成。

李成已经成为南宋政权的心腹大患。李成自称"李天王"，拥众数十万，其势力达到江淮十余州，曾率兵围攻江州（今江西九江）三个月，朝廷派出几名大将皆不能解围，使朝廷十分震惊。

内部的暴乱让高宗十分不安，他下诏命张俊去讨平李成，并用威胁性的口吻说："今日诸将，独汝无功。"张俊知道前几次大军都无功而返，自己若是独自前去必定也不会有好结果，这时他想到了岳飞，于是上书请派遣通泰镇抚使岳飞同往。绍兴元年（1131年）正月十日，岳飞受诏命归张俊节制，接到命令之后，十一日，岳飞从江阴出发。后来岳飞赶到洪州，才改变了消极防守的局面。岳飞向统军大将张俊建议，由洪州赣江上游绕到敌后，攻其不备，并且自愿担任先锋。

三月七日，岳飞身披重铠，带头跃马泅渡，于是大家依次过江。双方进行了大会战，岳家军首先突击马进的右翼，大败敌人，马进逃跑，岳飞抢先追逐。沿途有座小土桥，岳飞率几十骑过桥后，土桥坍了，马进乘机挥军反扑，岳飞一箭射死敌方的先锋将，指挥几十名骑士奋勇死战。张俊派人修复土桥，大军继进，马进再也支持不住，便逃往筠州。

马进战败后，一路向北逃窜，寻求李成援助。岳飞连夜率领将士衔枚急行军，赶到马进前面，在朱家山埋伏。待马进的残部逃到朱家山时，伏兵一鼓作气进行了歼灭战，打得马进只剩十几骑仓皇逃跑。

李成不甘心失败，留马进守江州，亲自领兵反扑。他命部将商元在洪州新奉县楼子庄的草山依险设伏。

张俊的大军由小路冲上山顶，杀败伏兵，夺取险隘，把李成的反扑计划彻底粉碎了。此战使张俊获得"张铁山"的称号，其实这主要得力于岳飞等部的奋战。

这一战役后，李成损兵折将，已经无力反攻。李成逃到洪州武宁县，这时候恰好洪水暴涨，残兵败将们还来不及渡河，岳家军已经浩浩荡荡地杀了过来，匪徒们吓得魂飞魄散四散奔逃。李成不敢再在江南停留，到了三月底，江南已无这支匪军的踪影了。后来李成逃奔到了伪齐。

从此以后，李成不得不收敛自己的野心，心甘情愿地匍匐于金朝"子皇帝"刘豫的脚下，俯首称臣，当刘豫的爪牙。

平定李成，虽然除了一个毒瘤，但江西尚未宁静。时叛时降的张用拥众五万，屯兵于瑞昌（今江西九江市西），对江州威胁很大。

张用，河南相州人，以勇力闻名，号"张莽荡"。在宗泽当东京留守时，张用和王善都听命于宗泽；但是自从杜充当东京留守后，因不满杜充的为人，率军离去，成了游寇。张用妻子号"一丈青"，勇敢非凡，能敌千人。这支游寇，显然不易对付。这样勇猛的军队张俊自然是不敢去抗击的，于是张俊再次召见岳飞询问良策，岳飞只说："此贼可徒手擒！"

岳飞跟张用早已较量过多次，东京南薰门之战，铁炉步之战，都记下了岳飞大败张用的战绩。张俊是知道的，但是他还是不放心，于是他又给岳飞增兵三千。

这一仗该如何打，岳飞已有成算。在金牛屯兵后，岳飞派一个士兵携带亲笔手书去见张用。张用拆开信，先看署名，见是"河朔岳飞"，心中吃了一惊，忙展信细读下去，信中大意是：我和你本是同乡，所以告诉你，我对南薰门、铁炉步的战役，都是熟悉的。今天我在这里，你想要出战，就出战，不想战，就投降，你会被朝廷所用，受各种荣宠。不投降，就要死在锋镝，或者是被押到朝廷，那时候后悔也来不及了。

张用夫妻读了岳飞这一封动之以乡情、陈之以利害的书信，陷入了深思。他们考虑到相互掎角的几股游寇势力：李成已溃逃；占据鄂州的李允文也被张俊俘虏，押送行在所；如今官军大兵压境，更何况前来征讨的不是他人，正是岳飞，如不投降，前途必然凶多吉少。张用遂决定率部投降岳飞，于是岳飞不费一兵一卒便收服了张用。

收降张用之后，张俊派岳飞驻防洪州。后来岳飞又收编了几支脱离编制的小股官军，岳家军的实力再次壮大，岳飞也把全军家属接到洪州。

经过这几次战役，张俊对岳飞的智谋和胆量更加赞赏。张俊回到越州向朝廷报捷时，在宋高宗面前力陈岳飞的功劳。在这次军事行动中，岳飞对取得全局的胜利确实起到了关键性的作用。因此，朝廷将岳家军的规格提升为神武右副军，任命岳飞为统制，并命其驻守洪州。

由于岳飞平日里严格治军，从来没有出现过士兵扰民的状况，因此很快赢得了当地百姓的拥护，当地的一些士大夫也经常去拜访岳飞。在这里岳飞的军队暂时得到了休整，并且规范了军纪，由于严格治军，岳家军的名声也越来越响亮了。

青年将领

岳飞自从扫平土匪戚方之后就小有名气，当时的朝野士大夫交章上书，称赞岳飞的功绩，有的奏章指出岳飞"岳飞骁武精悍，沉鸷有谋，临财廉，与士信"。岳飞平定流寇和曹成之后，就更加突出了，有的士大夫的奏章甚至引用岳飞对部下所讲的话："要使后世书策中，知有岳飞之名，与关（关羽）、张（张飞）辈功烈相仿佛耳！"为此，他们向朝廷提出建议："望朝廷论飞之功，加以爵赏，使与韩（世忠）、刘（光世）特然成军者，势力相抗！"

赵构继承大统之后，金军就一直穷追不舍，面对金人浩浩荡荡的大军，高宗只派了书生出身的大将宗泽，明显抵挡不过浩荡的金军。

自从金兵杀进南宋以来，高宗就只顾着逃跑，朝政都无法处理，军事建制更是完全被打乱，作为禁军的神武军也名存实亡。在宋金战局相对稳定的情况下，宋廷整顿了神武军的建制，任命韩世忠统率神武左军，张俊统率神武右军，两人都挂都统制衔。王㠸统率神武前军，陈思恭统率神武后军，两人都挂统制衔。

宰相范宗尹也向高宗极力推荐岳飞，并说："张俊自浙西来，盛称岳飞可用！"，经过几次的大战，高宗对岳飞的军队已经开始关注了，之后岳家军被转为神武右副军，这意味着岳家军由一支地方部队晋升为皇帝的禁军。

岳家军的建制提高了，但岳飞本人的官职并未得到提升。汴京失陷之前，岳飞就已经晋升为统制，至今没有升迁，仍然挂统制衔，未免让人感到不公平，不过岳飞对此事并不介意。

岳飞追求的绝不是高官厚爵，而是要完成雪国耻、复故疆的大业。因此，他希望能置身于杀敌的前线，直接提兵北伐，而不愿担任长江下游的一员守将。他上书要求免除通泰镇抚使之命，而授他在淮南东路招兵买马之权，以收复两淮失地，继而收复中原。

岳飞的部下也一直认为朝廷应该给岳飞一个与他的功劳相当的官职。在岳飞手下担任文书工作的高泽民向枢密院请求授予岳飞都统制或相当于都统制的职务。宋高宗认为这个建议合理，因为岳家军已经拥兵两万余人，早已超过一般统制统兵数千人的规模，加上岳飞战功显著，况且南宋王朝正在用人之际，提升岳飞为都统制也顺理成章。

恰恰在这个时候，原来担任神武副军都统制的辛企宗因为镇压农民起义没有出色的表现而被削职，于是岳飞就将他的职位取而代之了。南宋朝廷任命岳飞为神武副军都统制。并铸金印赐予岳飞。

也就是从这个时候起，岳飞正式地跻身大将的行列了，他与刘光世、张俊、韩世忠三人并称南宋四大将领。这一年，岳飞才刚刚二十九岁，韩世忠四十二岁，刘光世四十二岁，张俊四十五岁。岳飞是他们之中最为年轻的大帅，这让岳家军很受鼓舞，为有这样年轻有为的将领而自豪。

岳飞上任不久，朝廷就对他委以重任，朝廷令岳飞率本部兵马前往潭州（今湖南长沙市）就任知州兼荆湖东路安抚使、都总管。又任命前抗金重臣李纲为荆湖、广南路宣抚使，负责剿灭活动在湖广一带的土匪曹成，令岳飞、韩世忠等归其统领。

这一次出征，岳飞的战绩让朝廷中人又是眼前一亮，岳家军纵横江西、湖南、广西、广东四路，往返奔袭数千里取得了良好的成绩。

李纲称赞他"治军严肃"，又加封他为中卫大夫、武安军承宣使之衔。岳飞虽然取得大胜，为稳定南宋王朝后方起到重要作用，但他并不是很高兴，因为这些流寇部队不过是"蝼蚁之群"，扫平这些蝼蚁绝不是什么功劳，他的志向在于收复疆土，恢复故国。

岳飞班师路过湖南祁阳县大营驿时，有感而发，在一面石壁上题词："他日扫清胡虏，复归故国，迎两宫还朝，宽天子宵旰之忧，此所志也，顾蝼蚁之群，岂足为功？"这句话说得很明白，他的志向在于抗金复国，而不只是扫平几个流寇。

绍兴二年（1132年）夏天，高宗亲自下诏要召见岳飞，对他予以嘉奖，这一次岳飞带上了自己的长子岳云，从九江出发，沿水路到了南宋行在临安。

同年九月十三日，岳飞父子受到高宗召见。高宗对岳飞嘉奖了一番，除了赏赐鞍马、战袍等外，特赐岳飞一面锦旗，上绣高宗手书"精忠岳飞"四字。又授予他镇南军承宣使、江西沿江制置使等职。

在那个时候，对岳飞来说被皇帝召见是一件十分荣幸的事情，他总是大谈自己收复故土的志向，高宗很是欣赏，岳飞受到了极大的鼓舞。他在宜兴张渚镇一所古庙的墙壁上，怀着必胜的信念写下了一篇

《五岳祠盟记》。在这篇文章里，他以简洁的文字、激昂的语言，再次抒发了誓死消灭金兵、收复故土、迎还"二圣"的决心。这一切都表明了岳飞绝对不是说说而已，而是怀抱着极大热情的。

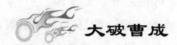

大破曹成

在岳飞扫平了江西巨寇李成、张用之后，绍兴二年 (1132 年) 正月，高宗搬回了临安（今杭州市），为什么他突然搬回了临安呢？这是有原因的，临安离金人比较远，相对来说比较安全，即便是金军突然来袭，自己也好有逃跑的时间，并且临安这个地方山清水秀，适合游乐。

但是事情并不像高宗期望的那样美好，还没有享受两天清闲的日子，麻烦就又来了。建部于东南一隅的临安以后，不便国家的号令迅速地通告四方，尤其是在西起川陕、东至江淮长长的战线上，当中有一段，即两湖之地，当时被游寇割据，更阻碍了政令的通达、部队的调度。

一方盗贼消灭了，另一方盗贼还在猖獗，张用的队伍并没有完全地肃清，从他手下分裂出来的队伍，仍在危害一方。这些盗贼平日里相处并不融洽，但是只要遇到官兵前来讨伐，就会结成一伙。荆湖游寇如不扫平，则东线、西线不能相连，东南不能与陕、川相通，于抗金斗争和国家安危关系极大。

这其中曹成尤为厉害，曹成拥有七万之众，其中精兵强卒达三万人之多，气焰非常嚣张，杀官掠民，无恶不作。

这种恶寇，能去降服他的也只有岳飞了，于是岳飞再次受命，前去讨伐寇贼。绍兴二年（1132年）二月十七日，岳飞从南昌发兵。远在数百里之外的曹成，立即打听到消息，马上告诉部下："岳家军来矣！"随后安排部下分头逃窜，自留中军在贺州（今广西贺州）。岳飞沿赣江上游，穿过武功山与万洋山之间的谷地，三十日到达湖南茶陵。岳飞希望能招降曹成，派了先遣兵到郴州（今湖南郴县）、桂阳（今湖南桂阳），侦察曹成军有无听诏受降的动向，以决定进止。以后，岳飞又数次谕意，但曹成不听。岳飞从抗金利益出发，只好用武力征服了。

闰四月，岳飞率军进入贺州。曹成已在太平场布阵数十里抗拒。一场大战即将展开。这时岳飞的部下捉到了一个敌探，送至中军帐交岳飞审问。正在审问之时，岳飞装作想起了一件事情，赶忙走出帐外。他找来管军粮的军吏，了解军粮情况。军吏回答说："粮食快吃光了，转运使还没有把粮食调来，怎么办？"岳飞着急地说："快催，要不然，只得重新返回茶陵了！"讲到这里，岳飞作势发现自己走漏了军情，突然不讲了。以后，只听得他对军吏悄悄讲了几句话，又为刚才失言着急地顿起足来。岳飞重新返入帐内后，继续审问敌探。最后对敌探说："你既是本地良民，我放你回去。"

中了计的敌探立即将岳飞军缺粮的情报，报告给曹成。曹成知道岳飞的军队缺粮之后十分高兴，下令准备追击岳飞。岳飞见探子回去了，急忙唤过张宪、岳云吩咐道："尔二人领着五千人马，先去曹成上流近寨处埋伏；察看火箭为号，多张旗帜，令本军即运辎重车辆脚力先起。"二人领命之后迅速离去。然后岳飞又让吴全、韩京、吴锡、张中彦等各领所部人马，趁着夜色前去埋伏，以火箭为号，然后包围敌方。

做好准备之后，岳飞令各营摆出丰盛的饭菜，让士兵们饱餐一顿。半夜里，岳家军绕着小路悄悄地行军了，于第二天拂晓，突然出现在太平场，立即向游寇猛烈进攻，歼灭了全部守隘之兵，烧毁其营寨。

曹成大惊而逃，奔至贺州北二十里处，又聚集三万之众，据守莫邪关。

岳飞派前军统制官张宪攻关。张宪的亲兵郭进骁勇出众，力可举鼎。在攻关中，郭进不顾关口飞矢如雨，挥枪冲杀过去，一枪就把对方旗头杀死，游寇顿时阵营大乱；张宪军乘机杀进关口，攻克了莫邪关。郭进立了第一功。岳飞在阵地上解下金束带赏给郭进，以后又提升郭进为秉义郎。

岳家军入关，游寇丢下了辎重物资、家眷老少，四处逃散。岳家军中有一个名叫韩顺夫的军将，被胜利冲昏了头脑，违反军纪，解鞍脱甲饮酒作乐起来。曹成的猛将杨再兴率部反扑，使韩顺夫的士卒猝不及防，遭受伤亡。韩顺夫本人被杨再兴砍掉手臂，流血而死。

岳飞震怒，责令第五副将王某，必须生擒杨再兴以赎对部下约束不严之罪。

牛皋奉命追击杨再兴。杨再兴力战三将，不仅使官军无法近身，还把岳飞的弟弟岳翻也斩杀了。曹成再次与杨再兴合兵，控扼桂岭入口的"三隘"——北藏岭、上梧关、蓬岭。三关形势险要，曹成自以为得了地利，后来者无法争夺。岳飞率军到岭下，亲自带兵出战。他打破常规，不列阵势，一鼓而上，杀声震天，锐不可当。曹成的都统领王渊招架不住，大败溃逃，曹成全军大乱，北藏岭、上梧关遂被岳飞一举而得。曹成却不罢休，反复争夺北藏岭，死了很多士卒，仍不能夺回，逼得曹成作最后的决战。他从桂岭至北藏岭，布营立寨，绵延六十余里。曹成亲自坐镇第三关——蓬岭。这时曹成的兵力仍有数万，而岳飞仅有兵员八千。

岳飞调兵遣将，在蓬岭下布好阵势。十五日，也就是追击曹成的第十一天，岳家军发起了总攻，数路兵马同时登关。曹成军吓得如鸟兽散，四面逃窜。岳飞马上召集张宪、王贵、徐庆等部将，下达命令：曹成败走，余党尽散，追而杀之，则良民胁从，深可悯痛。吾今遣若等三路招降，若复抵拒，诛其酋，抚其众，谨毋妄杀！

岳飞能把顽固的游寇首领与一般胁从者区别开来，不滥杀戮，这在当时的南宋将领中是不多见的。曹成往广东的连州方向逃去，张宪尾追不放。曹成穷蹙，又从连州转入湖南郴州。而王贵一路追兵又自桂阳追至郴州。曹成转身又奔向邵州（今湖南邵阳）。不料，又逃不出岳飞的神算，徐庆率部自道州追至邵州。

此时，三路追兵沿途招降了曹成部卒二万人。岳飞选用其将领，分粮给降卒，吸收自愿留下的精壮，壮大了队伍。曹成更加恐惧，急忙往江西方向逃窜。在江西，碰上了从福建回师的宣抚副使韩世忠部队，曹成走投无路，于是率部向韩世忠投降了（《皇宋中兴两朝圣政》卷十一）。独有郝最、杨再兴一度拒降，率众西走沅州（今湖南芷江）。后来，这部游寇也为张宪所破。杨再兴飞马纵入深涧，当官军张弓搭箭，向深涧里的杨再兴瞄准时，这个时候杨再兴大声说："我是好汉！我要见岳飞！"说完这句话，杨再兴从山涧上来，甘愿受缚，由张宪带着去见岳飞。

岳飞终于擒获了有杀弟之仇的杨再兴。但岳飞是一位以抗金为重、十分爱惜人才的将军，他不计个人恩怨，见了杨再兴，二话不说，先为他松绑；然后，诚恳地对杨再兴说："我和你本是同级，你是壮士，我不杀你，你应该以忠义保卫国家！"杨再兴既敬重岳飞的报国忠心，又钦佩岳飞的武艺，于是跪在地上道："小将情愿归降。"岳飞立马挽起杨再兴，道："将军如实不嫌弃，我们结为兄弟，共同保卫国家如何？"杨再兴慨然允诺，结拜之后，杨再兴再次上山集结了粮草和人马，放火烧了山寨，归顺了岳飞。岳飞见众将士归降自己，立即设宴摆酒，全营将士一起庆贺，席间众人发誓，一定要齐心协力，共同扫灭金兵。自此之后杨再兴成为岳飞帐下的一名勇将，并跟随岳飞，英勇作战，立下了很多功劳。

招降曹成、收服杨再兴之后，岳飞立即派人奏报高宗，高宗十分高兴，立即诏升岳飞为中卫大夫、武安军承宣使，依前神武副军都统，并嘉奖了其他的将士，之后命岳飞屯戍九江，守卫长江中游。

治军有方

岳飞治军，以严明军纪而著称于史，岳家军号称："冻死不拆屋，饿死不掳掠"。南宋学者周密在其著述《齐东野语》中称赞岳飞的军纪为"中兴诸将第一"。

岳飞出生于贫寒的家庭环境中，没有显赫的身世，只是一个小贫民，并且饱受着金人铁蹄的践踏。在那个动荡的年代，面对着一个个被金人屠杀的同胞，岳飞心中燃起的只有熊熊的怒火；在那外敌入侵、山河破碎、生灵涂炭的乱世，出身寒门的岳飞以驱逐胡虏、救民水火、恢复旧山河为己任，靠着自强不息的进取精神和坚忍不拔的顽强意志，依靠自己的战功得到高层的信任，得到士兵的拥护。

岳飞自二十岁从军，屡立显功，身经百战，从普通士兵成长为统兵十万的著名大帅。

岳飞的出身和经历，使他深刻地体会到百姓受军队欺压以及士卒受将领凌虐的痛苦。对于宋朝腐败的军政和军风，岳飞感到深恶痛绝。因此在独立拥有一支军队之后，岳飞主张用铁的纪律来维护岳家军的声誉，为此岳飞制定了许多规范岳家军的律条，用铁的纪律来保障岳家军的战斗力。

岳飞从严治军，体现为纪律严肃、训练严格、赏罚分明。

岳飞的部队来自四面八方，并且大多是落草为寇的亡命之徒，他们在从军之前多是靠烧杀抢掠为生，因此岳飞深知，想要维护岳家军的声誉，就必须依靠严明的军纪。

对于部属们的管教，凡涉及军纪的事，岳飞一律采用严格要求，严肃处理。即使强取民间一钱一物，也要重罚不赦。"行师用众，秋毫无犯。有践民稼，伤农功，市物售直不如民欲之类，其死不贷"，"取人一钱者，必斩"（《金佗粹编》卷9《遗事》）。

有一次行军的路上，岳飞发现一间新盖的店屋上少了一片茅草，就立即询问店主是否是军队里的士兵所为。店主回答说：岳家军的士兵并没有打扰百姓，屋顶上本来就缺一片茅草。岳飞觉得有疑，于是下令追查，最后终于找到一个马军军士。军士承认正在店中饮食，听说岳飞将要到来，于是急急忙忙上马，不慎掣下一束茅草。这时候店主全家一起哭泣求情，说那个军士确实没有骚扰过他家，只是过来吃一碗面而已。岳飞见店主一家都为那个士兵求情，才赦免了他的死罪，但是却改为一百军棍，作为惩戒。

还有一次，有一户居民家失火了，岳家军二号人物王贵手下的一个士兵乘机盗取民家的芦筏。岳飞发现之后，十分震怒，立即处斩了那个士兵，并且以王贵治军不严为由，杖责了王贵一百军棍。

岳家军的纪律十分严明，每经过一个乡村，都不会去打扰百姓，一般都睡在村民家的门外，即便是百姓开门欢迎他们进屋，士兵也不敢踏进百姓的家中。早晨士兵行军上路之前，一定会将夜里当床铺用的芦苇整理好，然后才出发。

岳家军有一个士兵曾经在湖口县人项某那里购买薪柴，项某因为素闻岳家军的声明，自愿少收两文钱，但那个士兵却坚决不肯，他说："我怎么可以因两文钱就不服从纪律呢？"

绍兴三年（1133年），岳飞奉命率军南下征讨叛乱的匪寇，岳家军将士行军路过庐陵，借宿在百姓的院落。天刚微微亮，岳家军将士就开始给房屋主人清扫院落，洗涤碗盆，然后才整顿出发。庐陵太守在郊外搭设了一个帐篷，准备为岳飞饯行，但是眼看岳飞的部队都快走完了，仍然见不到岳飞本人。庐陵太守于是问走在后面的一个士兵："大将军在何处？"那个士兵回答说："将军已经和偏裨将校混杂在一起走了！"

为了不打扰百姓，维持严明的军纪，岳飞尽量减少士兵与百姓接触的机会。并且，每次行军到一个村落，都会亲自率领十几名近卫骑兵到军营附近巡视，检查军纪执行情况，唯恐有军士做出违反军纪的事情。

南宋初年，社会动荡不安，加上高宗一直逃跑，国家财政得不到休整，十分拮据，因此很多时候，军队都会面临缺粮、缺衣的状况。但是岳飞规定不管条件多么艰苦都不能脱离军队，私抢民用。

绍兴二年（1132年），在攻破军贼游寇曹成之后，岳家军屯驻江州，当时军需情况十分危急。但在生计如此艰难窘迫的情况下，岳飞的军队并没有发生抢掠的事件，后将部分军队移屯于

宋代鎏银鱼龙纹铁斧

筠州、临江军、兴国军等地，借以度过了这艰难的一关。

经过长期的训练和磨炼，岳家军的士兵都养成了良好的习惯，岳家军将士逐渐概括出两句著名的口号："冻死不拆屋，饿死不掳掠"。这正是岳家军将士在忍饥受冻的艰苦情势下，仍大致维持军纪的真实写照。

可以说岳飞是一个好领导，虽然他对于士兵要求严格，但是岳飞训练军队的时候，常常能够考虑到士兵自身的潜力。对于普通的士兵在武技方面存在的问题，岳飞非常重视采用教导、训练办法，并告诫他的部将们，不要为这类事而轻易地答责和辱骂那些普通士卒。

如果战事紧急，而一些士兵刚刚进入岳家军，岳飞不会刻意为难他们，而是对他们提出一些简单的要求，基本上，只要求他们能够握

稳枪杆，运用自如，心里不胆怯，奋勇杀敌，便称得上是勇敢的士兵。将士们见每一次上阵杀敌，都会有岳飞这一员大将的带头冲锋，心中自然是增添了不少的勇气和信心，而对于岳飞提出的那些并不过分的要求，普通士兵们也都能够做到。

岳飞最让士卒们信服的一点是，无论在战斗中还是在生活中，岳飞从不摆架子，而且同他们一起同甘共苦，在饮食起居等日常生活方面，没有任何特殊之处。岳飞带兵在外,时常和士卒们吃一样的饭菜。岳飞本人不但几乎每次作战都亲临战阵，而且经常身先士卒，亲自担任"旗头"。成千上万将士的动止进退，都唯"旗头"是瞻，看岳飞如何挥动手中的旗帜。

南宋学者黄元振根据其父黄纵担任岳飞幕僚时的见闻而编成的《岳武穆公遗事》记载了这样的一件事情：在岳家军中主管机宜文字的幕僚黄纵，有一次被派往外地去料理公事，忽又有事需要他回营来办理，于是岳飞派遣了一个普通士兵送信请黄纵速回。

这时气候比较寒冷，但这个普通士兵身上却还只穿了一件单布衫。黄纵见了之后，觉得他的衣着过于单薄，不禁问道：军中的待遇过于微薄，这么冷的天气你却穿得如此之少，你对此是否感到不满？

那个普通士兵回答说，绝对没有不满的理由。接着，他进一步向黄纵陈述说，如果在其他大将的部队中，军士所应得到的给养总要被克扣一些，所余的部分还要强令去制作衲袄之类，本人虽能够穿得暖些，但是家中的老小却不免要忍饥挨饿。

但是岳家军却不是这样的。在岳宣抚这里，军中所得给养，规定是多少就实得多少，从来都不减克一文，而又听凭每人自行支配，更不强令去做这样那样的衣物。我的衣着之所以单薄，是由于家里负担太重，我得到的军饷全都用在家小身上了。既然我应得的军饷并不曾被上级克扣，我又有何不满？

在物质供应紧张的情况下，岳飞依然特别体恤下属。岳飞经常和将士们吃一样的饭菜，如果酒肉太少的话，就掺和着水一同吃，从来不因自己的将领身份而搞特殊，行军时，军队如果驻扎在外边，岳飞自己也不在房里睡，一定陪同士卒一起露宿外边；在出征的时候经常嘱咐自己的妻子遍访将士家属，嘘寒问暖，以金帛周济。这一点让岳飞深得将士们的心，因此很多将士都誓死追随岳飞。

战争当中难免有死伤的情况，只要军中有伤亡或是患病的，岳飞都亲自前去慰问，他还经常为伤员调药。将士战死沙场的，岳飞就让家人经常前去补贴慰问。

在古代，军队纪律败坏，士卒压百姓是司空见惯的事情，如张俊的军队就经常仗着张俊的势力强抢平民，引起民众的不满。

岳飞之所以能够保持严肃的军纪，这与他个人的理想抱负是分不开的，岳飞的努力取得很大的成功，不但让金人对岳家军闻风丧胆，而且赢得了群众的口碑，这是十分难能可贵的。

岳飞治军不讲私情，即使是对自己的儿子也不例外。有一次，他派岳云带骑兵数千攻歼敌营，临战前立下军令状，"如果失败了，先斩你！"有次训练，将士们身着重铠甲骑马跳跃壕沟，岳云因坐骑摔倒没有跳过去，岳飞竟怒而鞭打岳云，以示"军中无戏言"。岳家军军纪严明、训练刻苦有方，战斗力极强，攻无不克，战无不胜。在进攻邓州时，仅擂了一遍战鼓，岳飞便生擒了敌将高仲，收复了被金兵盘踞的邓州。

每一次打胜仗，岳飞都非常谦虚，常常说："这是将士们的功劳，我不过是出了一点绵薄的小力而已"。但是岳飞对于国家大事常常非常激进，他生性耿直，看不惯朝中的贪官污吏，更看不惯一些胆小怯懦之辈，因此话语中常常带有严厉的批评。也正是因为这个原因，最终惹来了祸端，但是我们可以肯定的是，岳飞统领的军队，绝对是一流的。

慷慨渡江

岳飞的军队逐渐成为维护江西、湖光一带封建统治的支柱，在平息了一部分的贼寇之后，岳飞率领着一小部分的军队回到江州，担当起保卫长江中段的防御责任，留五千兵马在虔州。

这个时候伪齐政权的皇帝刘豫还在积极地为金人效劳，他收留了被岳飞逼得走投无路的李成，任命李成为北齐军事主帅。同时为了维护政治的稳定，他开始大批地收买一些在北宋时期残留的一些具有影响力的人，但是刘豫的江山坐得并不稳定，活跃在洛阳之南的伊阳山寨的翟兴领导的义军成为他的心腹之患。刘豫多次派兵进行围剿，但屡战屡败，后来他买通内奸将翟兴暗杀。

父亲的死惹恼了翟兴的儿子翟琮，为了替父亲报仇，他不断地发动攻势，想要灭掉刘豫。

绍兴三年（1133年）正月，翟琮一方面联合南宋襄阳驻军统帅神武左副军统制李横、随州知州李道，另一方面联络伪齐政权内部伺机起义的爱国将领彭圮、赵起、朱全、牛皋、朱万成等，向刘豫政权发动进攻。

李横、彭圮等为一路，先后攻克汝州、颍昌、信阳等地，从东路直逼汴京。翟琮率赵起、董贵、赵通等攻入洛阳，处死了伪齐河南尹孟邦雄。李道招降了伪齐唐州知州胡安中。

103

刘豫节节败退之后，急忙求助于金朝。金朝派大将兀术率兵来到汴京，与李成合兵一处，在汴京西北羊驰岗同宋朝官民联军展开决战。李横、牛皋的队伍经不住金兵重甲骑兵的冲击而溃退。

邓州、随州、襄阳、郢州相继被金齐联军攻克。翟琮的军队也被金齐联军赶出洛阳。这次战役的结局对南宋极为不利，除翟琮、李横等均撤到江南西路外，彭圮阵亡。

襄阳、郢州、随州的失陷使南宋失去了长江以北的重要屏障，而且襄阳是通往四川的要道，襄阳失陷，基本上切断了中央王朝与四川守将吴玠的联系，南宋面临着赤裸裸的威胁。

金军攻占襄阳后，扩张的野心迅速膨胀，扬言要在第二年麦收后大举南下。李成还派使者去洞庭湖联合杨幺领导的农民起义军，想实施南北夹攻，先占领荆湖，再顺江东下，消灭南宋政权。

高宗面对这种情况常常寝食难安，有人提议让岳飞驻防鄂州，担当中线防守的主帅。但这时候岳飞的资历尚浅，还不能担当这样的重任。最后派了资历较高的神武前军统制王㲮驻守鄂州，让岳飞驻防长江中游另一个重镇江州。

从此，可看出朝廷虽对岳飞器重，派他屯戍九江，但在交付指挥中线的重责问题上，对岳飞的才干还缺乏充分的估计。

其实岳飞对中线防御早已注意，在中线出现危急之前，已对敌情进行研究。他不主张在内线消极地以保守城池为主的方针，而是主张外线作战，收复中原，从根本上解除战争威胁的战略。

当义军首领李横还在襄、邓一带斗争的时候，岳飞已确定"联结河朔"的方针，派出张宪赴襄阳与李横联系，以便进军时得到他们的军事配合。

如今李横、牛皋、董先、李道、翟琮等义军首领已被迫退师到汉阳军界，然而湖北安抚使刘洪道拒绝收留，岳飞挺身而出，连忙发信给赵鼎，提出"李横等，已至蕲、黄州，一行兵马既经溃散，若在江北驻扎，必不能安，或令过江，相兼捍御，却可为用"。赵鼎采纳了岳飞的意见，"遂急差官水陆干运粮米起发"，并发公文让岳飞"从长措置"（《金佗续编》卷二十九《乞支钱粮赡给李横军兵》）。

李横等原来就担心自己并非官军，怕"诸郡不纳"，现在，刘洪道果然不肯收留，正感到走投无路，赵鼎遣送的粮食运到了，部众才安定下来。

当岳飞得知李横已从黄州渡江到南昌时，亲自飞骑至南昌迎接。因为朝廷命令将李横、牛皋等南归义军拨归岳飞节制。于是，牛皋、董先、李道等都成了岳飞的部将。岳飞考虑到义军在困苦环境中能坚持战斗，英勇可用，而且熟悉当地的地理、民情，更具有一定的号召力，在未来进军中原、收复失地的北伐战争中，可以发挥他们的长处，因此十分重视义军。事实证明，岳飞高瞻远瞩，谋略高人一等。

正当朝野为中线防御忧心忡忡的时候，岳飞却呈上一道《乞复襄阳札子》，提出收复襄阳六郡的主张。岳飞指出："今日之计，正当进兵襄阳，先取六郡。"

要守住中线，安定两湖民心，必须夺回襄阳六郡（襄阳府、郢州、随州、唐州、邓州、信阳军）；要恢复东南和川陕的联系，从全局加强抗金的防御，也必须收复襄阳六郡；要收复中原，实现中兴根本大业，更必须收复襄阳六郡。岳飞认为："襄阳六郡，地为险要，恢复中原，此为基本。臣今已厉兵饬士，惟俟报可指期北向。"

岳飞的计划得到了大多数人的支持，这时候高宗觉得或许岳飞的想法是正确的，于是决定派岳飞出师，刘光世派兵增援，神武前军统制王璃仍按早先的布置，牵制杨幺起义军。

绍兴四年（1134年），宋金双方军事处于对峙的势态。南宋政府十分重视江淮地区的防御，在建康、镇江分别设置帅府，屯兵十万，由老将韩世忠等统率重兵驻守，东线"可恃以安"。

吴玠两兄弟守川陕，于这一年冬取得了仙人关大捷，击退了兀术统率的十万大军的进攻，此后五年，金军一直没有采取任何的行动，西线暂时算是稳住了。

绍兴四年（1134 年）五月，岳飞被任命为镇南军承宣使、江南西路、舒、蕲州制置使，兼黄复州汉阳军德安府制置使，率军渡江北伐。

但在这之前，三省、枢密院（中书省、门下省、尚书省为三省，系中央最高行政部门；枢密院为中央最高军事机构）给岳飞的这次出征规定了不得越出六州军界、不得称提兵北伐或言收复汴京等五个"不得"的限制。

但高宗的想法和岳飞不同。岳飞志在收复中原；高宗是为了保住长江防线，保住南宋小朝廷，并赢得一点议和的资本。因此，岳飞部队尚未出发，高宗就亲赐御札，要岳飞"追奔之际，慎无出李横所守旧界"。他怕追得太远，会"致引惹，有误大计"（赵构《命岳飞毋出李横所守界》，载《金佗稡编》卷一《高宗皇帝宸翰》卷上），也就是害怕招惹金人发怒，耽误议和"大计"，否则的话，虽然你岳飞立了功，也必要罚你。

由此可看出，高宗此次举动不过是为了守住长江以南的半个中国，他担心岳飞的力量从此强大起来，因此不敢完全放手让岳飞去行动。

绍兴四年五月，岳飞率领大军浩浩荡荡地出发了。对于朝廷只限收复襄阳以及其他的规定约束，岳飞是不满的，但这次提军北上，却是恢复中原的第一步，也是实现岳飞愿望的开始，所以岳飞还是十分兴奋的。

实际上岳飞当时的兵力并不多，但是岳飞的勇气却十足，全军的士气也非常高昂，岳飞对此次行动充满着胜利的信心，当军队横渡长江时，岳飞在船上兴奋地对幕僚们说："我如果不擒贼帅，不复旧境，即不渡此江！"岳飞刚强的意志，英雄的气概，感染和鼓舞着将士们奋勇前进、杀敌报国。

收复襄阳

自从南宋建立政权以来，这还是第一次主动出击，因此岳飞的内心十分激动。朝廷为此还做了周密的军事部署：命韩世忠屯兵泗上；命刘光世出兵万人向陈、蔡进发，作为右翼，配合岳飞；还命川陕宣抚副使吴玠出兵进攻在陕西的伪齐军，以分散敌人力量。

绍兴四年五月初五，岳飞大军过江后，直抵郢州城下。但是这个时候又出现了军粮短缺的状况，将士们每天只能吃两顿饭。岳飞却很有信心，说第二天一定要破城。

伪齐的郢州知州荆超骁勇善战，有"万人敌"的绰号，在城内固守。岳飞开始使用了劝降的手法，但是荆超拒绝投降，无奈之下，只好拉开了战争的序幕。

岳飞命张宪责问荆超为何叛从刘豫，荆超的军师刘楫恬不知耻地回答："今日各事其主，你不要多说了！"面对如此无耻的叛贼，岳飞怒不可遏，下令攻城后生擒刘楫。第二天黎明攻城，士兵搭人梯登上东北角的敌楼，攻进郢城，杀敌七千多，荆超投崖而死。刘楫果然被活捉，岳飞喝令他面朝南跪下，责之以大义，亲自处决了这个败类。第一仗旗开得胜，收复郢州。郢州城中，敌尸遍地。岳飞乘胜分兵两路，张宪和徐庆率军朝东北方向进攻随州，岳飞本人率主力往西北方向猛扑襄阳府。

张宪、徐庆攻向随州。伪齐守将王嵩顽抗一个多月，随州城未能攻克。刚加入岳飞军的牛皋主动请战，提出三天内把城攻下。诸将以为勇谋兼备的张、徐两将军都久攻不克，猛将牛皋不过是口出狂言。牛皋作战勇猛，加上这一带抗金又有张、徐两将的配合，果然三天的口粮还没吃完，牛皋便和张宪、徐庆合力攻下了随州城，歼灭伪齐军五千人。王嵩被俘并押赴襄阳府处斩。论功行赏时，牛皋归头功于张宪。他诚恳地说："我心里想到的是国家大事，别无争功较长的意思。"

当时，岳云才十六岁，也参加了攻随州城的战斗，他手持两锤，重八十斤，左右挥击，英勇杀敌，首先登城。当时的将领往往在立功将士的名单中，夹带自己的亲属，冒功领赏。岳飞鉴于儿子去年无功受禄，问心有愧，所以正式上

岳飞收复襄阳六郡之战

报时，只报了岳云一份战功。官兵见岳飞如此公正，不但没有异议，反而赢得了将士们更多的尊重。

襄阳府是伪齐准备大举南下的大本营，由主将李成亲自驻守。李成取荆湖、下江浙的计划已成泡影，面对着岳家军雷轰电击般的兵威，面对着荆超军一日之内覆没的前戒，他再无勇气据守，只得仓皇逃遁。五月十七日，岳飞兵不血刃，凯歌入襄阳。

同对付李横北伐一样，这个时候刘豫急得像热锅上的蚂蚁，急急忙忙地调度兵力，并向金人求助。金国派去了一部分的金兵作为支援，集结在邓州东南的新野（今属河南）、龙陂（今河南郏县东南）、胡阳

（今唐河西南）、随州的枣阳县以及唐州、邓州，加上李成逃到新野的部队，号称三十万大军，企图反扑夺回襄阳。

岳飞命令岳家军统制王万和荆南府镇抚使司统制辛太守住清水河，以引诱伪齐军进攻。但辛太怯战，竟然私自逃到了峡州宜都县（今湖北枝城）。

但是王万没有退却，六月五日，王万军与伪齐军交战后，岳飞亲率主力，配合夹攻，轻而易举就击退了李成军。

第二天，李成又列阵求战，他想夺回襄阳府，却犯了刘邦在彭城之战中犯的战术错误，被岳飞看出破绽。王贵、牛皋等将士向岳飞请战，岳飞观察了李成的部队，说道："作战的时候，步兵的优势在艰险的地方能够得到很好的发挥，骑兵的优势在平坦的地形能得到很好的发挥，而李成却把骑兵布置在左侧的江岸边，把步兵布置在右侧的平原一带，他虽号称有十万军队，又能有什么作为呢？"说罢，岳飞举着马鞭，对王贵说："你带着长枪步兵，从李成的右侧攻击他的骑兵。"又对牛皋说："你率领骑兵，从李成的左侧攻击他的步兵。"如此一布置，就有力地攻击了李成列队的弱点。这一仗和刘邦在彭城之战的败局相似，李成的前列骑兵溃散之后，将后列骑兵挤入水中淹死，军队崩溃、一败涂地。李成一军因此元气大伤，后来再也没能反攻襄阳府。

刘豫接二连三地吃败仗，于是便十万火急地再次向金国求援，但是金兀术刚刚在这年的三月里被吴玠在仙人关（今甘肃徽县东南）打败了，金军主力折损很大，元气大伤，并且这个时候又是盛夏，金兀术刚打算要到北方避暑去。于是只派了一员史书上未记录姓的、名叫刘合孛堇的二等战将，会合李成，拼凑了陕西和河北伪军数万，在邓州西北扎了三十多个营寨，防守岳家军。

驻扎在襄阳的岳飞，了解到伪齐的李成等不甘心失败，仍在不断地向新野（今河南新野县）等县添加兵力，人马数量很大，是个不小的威胁。岳飞将这一情况报告给了宋廷，宋高宗给岳飞回复了一道御札，也表明了自己的顾虑。

岳飞收到高宗的御札之后，连忙写了一封信去打消皇帝的疑虑。信中说道："襄阳、随州、郢州土地肥厚，我们在这里暂时推行营田法，将能获得丰厚的粮食储备。等到军粮充足，请您允许我过江北剿杀敌军！"

于是，岳飞带领自己的大军在襄阳一带驻扎下来。岳飞治军甚严，军中规定："冻死不拆屋，饿死不掳掠"。他一边派兵扫荡残敌，一边安置穷苦百姓，还把自己征战得来的敌军的粮食，拿出二十万担，分发给没有粮食的百姓们，又把军中多余的牛、战马分给百姓耕田。这样一来，岳家军战胜所得的军费就用去了一半多。王贵等人对此很不解。岳飞回答道："先让百姓安居乐业，这也是我们的养兵之计。收复中原，不是弹指之事，需要我们的人马膘肥体壮。"

于是，襄阳、汉江的百姓们的生活逐渐安定下来，连四川、陕西等地的纳税额也有所增加，湖南、两广、江浙一带，都渐渐恢复了平静的生活。

七月，岳飞进兵邓州。

七月十五日，李成的伪齐军和金军一起抵御岳飞。王贵和张宪两军在邓州城外三十几里的地方同数万伪齐军和金军进行了一场恶战。王万和董先两部突然出现，两军相互配合对敌方形成了夹击，打得敌方落荒而逃。金将只剩下个光杆司令，只身逃窜。岳家军俘虏了很多人马。伪齐将领高仲退守到了邓州城里，但是却不投降，依旧僵持着。

七月十七日，岳飞带领军队一鼓作气，收复了邓州。在这一场战争中，岳飞的儿子岳云再一次大显身手，第一个登城并且活捉了高仲。但是岳飞为了避嫌，并没有上报，而只报了岳云随州之功，未将邓州之功申报。这件事情隔了一年之后，宋廷才查清了这是岳云的功劳，方才将岳云升迁武翼郎，在这场争斗当中，由于岳云勇猛善战，他被大家称为"赢官人"。

岳飞指挥王贵、张宪、王万、董先，分数路出击，敌大败，金将刘合孛堇只身逃走，岳家军生擒伪齐邓州守将高仲。七月二十三日，选锋军统制李道攻占唐州。与此同时，王贵和张宪在唐州以北三十余里再次击败伪齐军和金军。同一天，信阳也被攻下，岳家军俘虏伪齐唐州知州、信阳军知军、通判等官员共五十名。

从五月初五至七月二十三日，岳飞仅用两个多月的时间，就收复了襄阳六郡大片地区，充分显示了岳飞卓越的统帅才能和岳家军的强大战斗力。

连连上奏的捷报轰动了整个朝廷，这对于南宋来说，无疑是最大的喜事，高宗不胜感激地说："朕素闻飞行军极有纪律，未知能破敌如此！"

七月二十六日，刘光世的部将郦琼率五千援军赶到，但已经无仗可打。岳飞特别上奏，要求给这五千人"先次推赏""卒使不沾寸赏，恐怫人情"。

襄汉的平定，无疑是岳飞的又一次大功，但是由于宋朝重文轻武，因此岳飞也受这种意识的影响，自己虽然立下大功，但是他认为自己只是一介武夫，并不适合管理襄汉，希望朝廷另派重臣来管理襄汉。宰相赵鼎认为，湖北的鄂、岳两地是长江中上游最为关键的要害之处，让岳飞在这里驻扎，就能确保这两地的安全。

高宗赵构也同意赵鼎的主张，于是就委派岳飞改驻湖北路的首府鄂州（今湖北武昌），自此之后鄂州就成了岳家军的大本营。高宗为了勉励岳飞，授予岳飞清远军节度使、湖北路荆襄潭州制置使，又晋封为"武昌县开国子"。岳飞由原先不被重视，到被高宗看中，所管辖的范围也越来越广阔，并且担当起了防守中部战线的主要责任。这在封建社会是无上的恩典，宋室南渡以后，享有节度使衔的武臣，为数不多，文武百官带着钦佩的心情前去庆贺岳飞。对于很多官员来说，荣华富贵是他们一生追求的目标，岳飞的位置正是他们所羡慕的，但是岳飞的心中却没有荣华富贵，他的内心有的只是杀敌报国的骄傲。岳飞成为南宋最年轻的节度使，南宋开国以来，第一次赢得了自我尊严，收回了大片被金人侵占的土地。

宰相朱胜非知道岳飞凯旋的消息之后，十分高兴，决定盛情款待岳飞，一来是为了增进彼此之间的友谊，二来这也确实是一件值得庆贺的事情。但是岳飞对于朱胜非的盛情款待却不以为然，岳飞感到受了侮辱，认为宰相待他太菲薄了。岳飞是一个性子刚直的人，他觉得为国杀敌，是自己的荣耀，而不是一件值得炫耀的事情，但是他的这种想法并不是所有人都能理解的。朝廷中的官员一般都以自己为朝廷做出了贡献而骄傲，甚至是居功自傲，不把别人放在眼中。岳飞认为这是相当可耻的事情，自己立下战功完全是出于一腔爱国热情啊。

收复襄阳之后，岳飞曾经上书高宗，主张一鼓作气，收复中原故土，但是胆小怯懦的高宗却停滞不前，战争结束就立马将岳飞调回屯江上。

襄阳大捷，在宋朝历史上具有重大的意义，收复了襄阳实际上就等于控制了长江流域，东可进援淮西，西可联结川陕，北可收复中原，南可屏蔽湖广，功勋可与韩世忠镇江大捷、吴玠和尚原大捷相提并论。

刘豫失去襄阳六郡之后，立刻派人向金求助，虽然金主也曾派遣大兵援助，但是由于岳家军的威名，金军失去了攻伐襄阳的勇气。

自此之后，岳飞真正成为中线守卫的主将，金军再也不敢对中线有所企图，高宗对于岳飞的才能也越发信任了。这一次北伐是南宋第一次主动反击并取得战略性成果的意义重大的战役。

壮志 《满江红》

岳飞驻守鄂州后，念念不忘在女真贵族统治下的北方人民，一心想着能够早日收复失去的中原故土。一天，他登上鄂州的一座高楼，依着栏杆，眉头紧蹙，低头看着缓缓的河水，仰望辽阔的天空。一时之间心乱如麻。当时正是雨后，四周景色格外宜人，岳飞思潮汹涌，国家的危难、个人的遭际、人民的疾苦，一齐涌上心头。北方的故土有待收复，灾难中的同胞望眼欲穿，以后的征途遥远渺茫。岳飞满怀激情，道出了爱国绝唱——《满江红》：

怒发冲冠，凭栏处，潇潇雨歇。抬望眼，仰天长啸，壮怀激烈。三十功名尘与土，八千里路云和月。莫等闲，白了少年头，空悲切！

靖康耻，犹未雪；臣子恨，何时灭？驾长车，踏破贺兰山阙。壮志饥餐胡虏肉，笑谈渴饮匈奴血。待从头，收拾旧山河，朝天阙。

这首词上阕的大意是：大雨刚过，我怀着激动的心情，靠着栏杆远望。面对着苍茫天地，禁不住发出一声长啸，以发泄我满怀的难酬壮志。我已三十岁了，虽然曾经在抗金的战斗中建立了一些功绩，但是，那些功绩就像尘土一样轻微，不值得一提。我踏过几千里的遥远路程，日日夜夜在风霜雨露里行军和战斗。这样的生活，以后还要继续。时间是不等人的，一晃就这样过去了。不要让光阴随便溜走，虚度了青春。等到头发变白的时候，再来悲伤、懊悔也来不及了。在第

第四章

收复襄阳

二阕里，岳飞回顾了北宋国破家亡的耻辱，倾吐了收复失地的强烈愿望，反映了当时朝野上下的共同愿望与迫切要求，抒发了自己对祖国的热爱。这首诗词流传至今，仍被广为传唱。

岳飞在鄂州休养生息的时候，派亲信王大节到汴京刺探伪齐内幕。不久，王大节回来报告，金齐联军现在以兀术为统帅、伪齐太子刘麟配合指挥，密谋了大举进攻江南的举动。

岳飞不敢怠慢，急忙上奏朝廷，并在自己的防区加强布防。但金齐联军惧怕岳家军的威力，避开岳飞的防区，从淮河流域进兵。金齐联军很快渡过淮河，继续向南进犯。

这时候朝中一片惊慌，很多人惊骇不已，主张放弃临安逃跑。但是宰相赵鼎却认为这是一个主战的好时机，刘、韩、张三部人马，加上杨沂中的神武中军的十五万人马，要比吴玠和岳飞两部兵力总和多出一倍多，应该能抵住敌军的进攻。

可笑的是，刘光世还没有与金军开战，就吓得先逃跑了，将防区收缩到长江南岸，这样淮西路不战而失；张俊口口声声说要抗金报国，但是却一直找借口不肯渡江北上。韩世忠在承州一带虽然取得几次小胜，稍微阻滞了敌军的进军速度，但他势单力孤，很快退守镇江。

这样，在江淮两江之间只有庐州知州仇悆忠于职守，不肯撤退。当金齐联军兵临庐州城下时，仇悆指挥两千五百乡兵几次打退来犯之敌。绍兴四年（1134年）十二月，伪齐太子刘麟亲临城下指挥，兀术亲自殿后支援，庐州危在旦夕。

在这个危急的时刻，高宗唯一能够想到指靠的就只有岳飞了，于是高宗立刻下诏要求岳飞东进，岳飞立即派徐庆、牛皋为先锋，率领精兵日夜兼程奔赴淮西，岳飞亲率主力随后跟进。途中，岳飞听说庐州危急，便急令牛皋等前去支援。

十二月十八日，牛皋等人率骑兵来到庐州城下。牛皋命令把"精忠岳飞"的大旗高高挑起，金齐联军看到岳家军到来起初还不太相信，牛皋冲到阵前，大喊一声："我就是牛皋，前后四次打败兀术，难道

忠
孝
双
全

岳

飞

你们不认识吗?"

金军听到牛皋的名声之后,大吃一惊。牛皋素来骁勇善战,这一次也没有例外,他挺枪催马冲入敌阵,两千名骑兵掩杀过来,金齐联军溃败而逃,庐州之围旋即被解。接着,岳飞率主力赶到庐州。金齐联军估计无法突破岳家军的防线,由于天气严寒,金军不便在江上作战,于是只好停止不前。这个时候又传来金太宗病危的消息,兀术不得不下令撤兵,放弃了向南进犯的念头。金兵撤退,岳家军再次立了一个奇功,自此之后,宋高宗开始更加依赖岳飞了。

镇压杨幺

绍兴五年（1135 年）春,高宗再次召见岳飞,赐岳飞银两千两、帛两千匹,封其母姚氏为福国太夫人,妻李氏为福国夫人。这既是赏岳飞援淮西之功,也是为了不久改任岳飞为荆湖南北襄阳府路制置使,封其为武昌郡开国侯,并命其前去湖南镇压洞庭湖起义军。

洞庭湖钟相、杨幺领导的农民起义,虽然盘踞的地方不大,实力有限,但是波及湖南、湖北两路,起义群众多达二十万人,达六年之久,是宋代三大农民起义之一,在当时具有深远的影响。

洞庭湖起义军最初的领导是钟相,钟相是鼎州武陵（今湖南常德）人。早在北宋末年,他利用治病、宗教在民间进行革命活动,宣传"法分贵贱贫富,非善法也。我行法,当等贵贱、均贫富"(《会编》

卷一三七，建炎四年二月十七日条）的思想，日积月累才建立起一个组织。当他准备起义的时候，金军展开了进攻南宋的侵略，宋金战争爆发了。基于民族大义，钟相高举爱国抗金的旗帜，把指向赵宋王朝的矛头转向金军。京师被围困的消息传来的时候，钟相毅然地派儿子钟子昂率领三百民兵去东京"勤王"，但是没有想到的是，徽、钦二帝宁愿割地求和，也不敢主动出击攻打金人，钟子昂所率的勤王兵和各地的勤王兵一样，被遣散回籍。

钟相的一腔爱国热情被浇灭，于是逐渐沦为寇贼。这时候南宋王朝开始建立，但是高宗赵构和他的哥哥赵桓一样是一个胆小怕事之辈，因此当金人的铁蹄踏入南宋的时候，高宗一再采取求和的策略，致使金人步步进逼，越过了长江，闯进了两湖、江西。金军的破坏已惨不堪言，接着李成、曹成等游寇以及征讨游寇的宋军的轮番骚扰，加上地方官府横征暴敛，把整个广大的荆湖地区，洗劫得"郡邑凋残""田畴荒芜""十室九空"，游寇"无物可寻"，甚至"以人为粮"。

建炎四年，金军在潭州大肆烧杀掠抢的时候，游寇孔彦舟跟在金军的屁股后，闯进澧州（今湖南澧县）打家劫舍。这时候当地农民终于忍无可忍地爆发了，在钟相的领导之下，以打孔彦舟为名，高举义旗。数日之间，得到鼎、澧、潭、峡、岳、辰六州和荆南府所属的十九个县群众的揭竿响应，建立了楚国，推钟相为楚王，以"均平"号令起义地区，保护"执末之夫"（胡寅《斐然集》卷十七《致张德远书》）。他们烧官府、杀官吏、打爷儿（游寇）、斩土豪，与南宋政权进行斗争。

孔彦舟派人刺杀了钟相、钟子昂之后，起义军首领杨幺（本名杨太）就担负起了楚国军政领导的重要职责。绍兴三年，他自号"大圣天王"，立钟相少子钟子仪为太子，建立起洞庭湖根据地。今天的南至长沙、北达江陵、东至岳阳、西到常德的大片地区，都成了农民起义军的活动范围。杨幺军自知实力有限，因此他们对付官兵的围剿有着一定的策略，即"陆耕水战"。起义军依凭洞庭湖险要的水势，春天和夏天雨水较多，尤其是夏季雨水比较旺盛，阻拦了官兵的去路，使得官兵无法出兵，乘这两季耕种田地，待到秋冬水落，官军发动攻势，则收藏粮食，然后出战。杨幺军主要的策略是以自己的长处，攻敌人的短处，避免陆战，力争水战。这种"陆耕水战"的体制，有力地保护了起义地区人民的生产和生活。

高宗知道杨幺独自建立一个小朝廷之后，寝食难安，杨幺成为高宗心中的一个刺。高宗向金人退让，但是对于杨幺却采取各种方法，坚决要除掉。

由于洞庭湖易守难攻，因此高宗刚开始采取的是安抚政策。鼎州太守程昌寓、参知政事兼荆湖宣抚使孟庾、湖广宣抚使李纲、荆南镇抚使解潜等朝廷大员和地方守臣，派出一批又一批的人去招安，妄图用高官厚禄瓦解起义军。但是最终的结果是，去招安的人，杨幺都将他们一一杀害。这惹恼了高宗，于是高宗才下定决心，剿之。

高宗命程昌寓任鼎澧镇抚使率兵镇压起义军。没有料到程昌寓刚一进入义军活动区的鼎州，便遭到农民起义军的"拦截"，"官军不能措手，痛遭杀害"。程昌寓逃得快，保住了一条小命，但是军队却覆灭了。之后朝廷又派刘安抚、孟执政、李宣抚前去镇压，但统统不是起义军的对手。

高宗还是不死心，一心要除掉杨幺。绍兴三年六月，高宗再次下诏派神武前军统制王璪为制置使，率兵征讨杨幺，又派了御前忠锐第一将崔增、水军统制吴全率领水军作为援助，水陆共计六万兵马前往洞庭湖围剿。结果又被起义军打得溃不成军。王璪灰溜溜地逃回鄂州。朝廷因王璪丧师，罢免他的军职。

朝廷的军队再三的出动，但是没有一支能胜利归来，这时候的高宗已经丧失了理智，岳家军威猛的战斗力让金人如雷贯耳，于是高宗想到了岳飞，于是他立马下诏让岳飞前去扫平杨幺，并让宰相张浚亲自出马监军。

岳飞受命之后，制订了一个详细的作战计划，他决定以攻心为主、武力为辅的原则。之后他派出一些士兵扮作商人，混进杨幺的起义军当中，诱捕了数百人。岳飞对这些人没有杀害，而是诚心地劝说他们归降，并给他们每个人都发了赏钱，又让他们回去劝说别的义军也放弃抵抗。这数百人回营之后，自发地宣传岳飞的仁德，这时候杨幺的军心就有所动摇了。

杨幺军依然遵循以往的作战风格，三十多个水寨各自为守，各自为战，不能最大限度地集中兵力，集中指挥。此外，荆湖路一带恰好逢大旱之年，湖水浅涸，严重地影响了吃水甚深的船只的行驶。在官军的包围和封锁之下，杨幺叛军的处境显得越发地困难。

岳飞数万大军屯于鼎州城外，置寨列舰，严密封锁消息。然后，派使臣打进水寨去劝降杨幺军。那些被派遣的使臣，想到以往去招安者的下场，吓得面色铁青，浑身颤抖，纷纷跪在地上向岳飞叩头，请求免去这个差使。岳飞十分自信地说："这次是我派遣你们前去的，你们只管放心前去，他们不会杀你们的，这些使臣只好将信将疑地去了。他们刚望到起义军水寨，就大声呼叫："岳节使遣我来！"

果然不出岳飞所料。有些营寨把岳飞使者接了进去。起义军的重要首领之一黄佐读了岳飞的招抚榜之后十分害怕，他与部下商议，说岳飞"号令如山""若与之战，万无生全理，不如速往就降"等。于是黄佐投降了岳飞。黄佐投降之后，岳飞立即上报朝廷，给黄佐升了官，不久之后又有起义战士三百余人来降，岳飞照例赏赐了一番。为了安抚刚刚归降的义军，岳飞还放任他们的活动，这期间也有义军回归洞庭湖，岳飞也不加追究。义军见岳飞如此大义，隔了一段时间，又有一批前来归降。

参政席益对岳飞的做法产生了严重怀疑，他对张浚说："岳侯得无有他意，故玩此寇？"张浚是了解岳飞的用心的，能招安尽量招安，这样可以避免战斗，保留军事实力。于是笑着回答说：岳飞是一个忠义之人，我又如何不知岳飞的用意，他这样做是为了减少流血啊！

但起义军中动摇投降的毕竟是少数。六月初，岳飞决心用兵镇压了。正在这时，朝廷急诏张浚回朝，以筹划防御金兵秋天南下之计。张浚环绕洞庭湖一周，窥看了起义军森严的布防，感到进攻时机尚未到来。他召岳飞回长沙，商议暂时撤兵。但岳飞却向张浚汇报了具体的进攻部署，竟说八天之内全部破寨。

对岳飞的军事才干，张浚是毫不怀疑的，但岳飞说八天破寨，时间如此之短，张浚还是觉得不可能，于是，张浚严肃地对岳飞说："你以为这容易吗！王四厢（璞）攻打了两年都没有成功，这又岂是一朝一夕可以攻破的？"岳飞微笑着回答道："王四厢以王师攻水寇则难，飞以水寇攻水寇则易。湖寇之巢艰险莫测，舟师水战我短彼长，入其巢而无向导，以所短而犯所长，此成功所以难也！若因敌人之兵夺其手足之助，离其腹心之援，使桀黠孤立，而后以王师乘之，覆亡犹反手耳！"

张浚听了这话之后，觉得岳飞说得有道理，决定暂缓回朝。岳飞回到鼎州，立即召见将军任士安。任士安原是王璞的部下，头一年去征讨杨幺时，他不听王璞指挥，自行其是；王璞兵败，他有着一定的责任。现在岳飞往事重提，命令军卒抽打他一百鞭子，杀杀他的傲气，然后命他率领本部人马在三天之内攻下水寨，不然的话，提头来见！

任士安曾是杨幺的手下败将，岳飞首派他去迎战杨幺，这使岳飞的部下都十分不解，任士安本人更是心惊胆战的。当他率领士卒接近起义军兵寨时，就命士卒大声呼喊："岳节使二十万大军至矣！"

起义军发觉任士安大呼大叫不过是虚张声势，以掩盖其胆怯，实际上并无岳飞大军在后，于是合兵与任士安军大战。任士安知道岳飞军令森严，不得不拼命死战。到第三天，正感难以抵挡，突然，四下里喊声大起，岳飞亲率大军包围过来了，经过激战，攻下了起义军的永安寨。岳飞带兵乘舟拥入水寨。这时，经黄佐劝降，起义军的将领杨钦也来投降。岳飞十分高兴，认为起义军的"腹心溃矣"。张浚立即授予杨钦武略大夫的官职。杨钦一军有三千多人，舟船四百多艘，这一投降，使起义军受到了重大损失。岳飞把杨钦部下的强壮兵编入军

收复襄阳

中，放走老弱，拨给土地耕种，安置就业，试图以此动摇起义军军心。

黄佐归降之后，也受命率部下攻破义军的营寨，杀死了不少义军，夺取了不少的粮食、船只等，将整个水寨焚毁无遗。不久之后，又有一批头领投降，杨幺义军的实力大为削弱，但杨幺本人仍企图凭借地利，抵抗到最后。这时候又有人向岳飞献计，说大船非一丈深的湖水不可通行，应开闸放水，并可用千万束青草撒在湖面上，以阻遏船的行驶。岳飞立即采纳，下令用巨筏堵塞鼎州附近湖面的各个港汊，选择水浅之处，派官军用小船挑战，大骂杨幺军，引诱义军出来应战。

起义军领袖杨幺坚守总部营寨。杨幺不愧为智勇双全的农民英雄。他曾运用车船战击败了官军一次又一次的进攻，使起义军在南宋王朝的腹心坚持战斗达六年之久。起义军的车船，最大的有三层楼那样高，可载千余人，船身两边装置着车轮，用脚踏车，"以轮激水，疾驶如飞"。船上还装置着撞竿，长十余丈，一头挂巨石，一头系在辘轳上。这些战船一遇到官军又小又矮的战船，就放撞竿，一击便把官军战船击碎。起义军还有一种叫木老鸦的武器，二尺来长，两头削尖，也用来居高临下地打击敌人，威力很大。但车船水战，以湖水越满越好；湖水干涸，则车船行动不利。不幸，这一年夏天大旱，岳飞军又决堤放水，洞庭湖的水位更浅了，遂使起义军高大的车楼船行动困难，发挥不了原有的威力。

岳飞统领牛皋、傅选、王刚几员部将，亲率帐下精兵向龙阳县江北起义军总部水寨进发。协同作战的还有鄂州水军一部。这一回，由于岳飞以优势的兵力临阵，杨幺终因兵力太少，孤立无援而战败。杨幺被擒后，壮烈就义。

岳飞从长沙回鼎州进攻起义军，到攻破起义军最后一座堡垒，前后正好八天。

岳飞镇压了杨幺农民起义军，俘获近二十万人。鲁莽的牛皋主张"略行洗荡，使后人知所怕惧"。岳飞坚决不同意，他说："杨幺之徒，本是村民，先被钟相以妖怪诳惑，次又缘程吏部（昌寓）怀鼎江劫掳之辱不复存恤，须要杀尽以雪前耻，致养得贼势张大。其实只是苟全性命，聚众逃生。今既诸寨出降，又渠魁杨幺已被显诛，其余徒党，并是国家赤子。杀之，岂不伤恩？有何利益？况不战屈人之兵，而全军为上，自是兵家所贵。若屠戮斩截，不是好官。但得大事已了，仰副朝廷好生之意，上宽圣君贤相之忧，则自家门不负重责于职事，亦自无惭也！"岳飞说罢，连声喊道："不得杀！不得杀！"（《金佗续编》卷二十六《杨幺事迹》）牛皋听了，心悦诚服。

　　岳飞挑选了好几万精壮的起义军战士编入军队中，大大增强了部队的战斗力，加强了抗金的力量。十几万老弱，按照他们自己的意愿，"给米粮"，归田就业。然后把三十余所营寨焚烧。

　　洞庭湖的农民起义军，其主力终为岳飞所收编。岳飞所以能做到这一点，这是因为钟相、杨幺起义军本来就是抗金的，岳飞又是爱国抗金将领，此外，在封建社会里，岳飞算得上一个清官、好官，能采取一些妥协让步措施，使阶级斗争有所缓和。

　　必须指出，作为封建王朝的高级将帅的岳飞，忠实地执行了君王的命令，镇压了声势浩大的钟相、杨幺农民起义，杀了不少起义军将士，其主要罪责，纵然不能由岳飞背负，但岳飞也回避不了应负的责任。

　　杨幺起义军是因为官府的丑恶腐败而自发组织起来的义军，实际上是一场正义的农民起义。但是为了维护朝廷利益，岳飞最终还是选择了镇压。岳家军平定杨幺义军后，荆湖路一带就再也没有出现类似杨幺军的大规模的起义。经过一段时间的调整和恢复，社会的矛盾有所缓和，农民也恢复自我生产，高宗的心腹大患总算是肃清了，岳家军也算有了一个安定的后方。

第五章

抗金复国

他时刻没有忘记自己的愿望是收复宋朝失去的大好河山，迎回还在金朝囚禁的『二圣』，在此期间他加紧对自己军队的军事练习，同时不断地上书，请求高宗进行北伐。第一次北伐之后，他的母亲不幸病逝，岳飞是个忠孝之人，这对他的打击十分沉重，伪齐将领王威又乘机攻陷唐州。因形势所迫，岳飞不得不拖着因悲伤而消瘦疲乏的身体，回到了战场，因他在战斗中出色的表现赢得了高宗的信任，同时也埋下了祸根。

准备北伐

岳飞平了洞庭湖的起义军之后，高宗赵构这才松了一口气，回想即位到今天，已经有十年的时间。而这十年来，虽然是贵为皇上，万人之上，但是赵构这个皇上却做得十分辛苦，每一天几乎都是在辗转流离中度过。金人的铁蹄是高宗心中的噩梦，经过十年的外征内讨，虽然金人还是虎视眈眈，但是还好肃清了内部的暴乱，基本上稳住了脚跟，不再像以前一样四处飘零。南宋的抗金军事力量，在屡屡的征战中，得到锻炼，甚至已经能与以骑兵见长的金军抗衡。

虽然暂时稳定了局面，不再是内忧外患，但是被金人侵占的许多国土仍然没有收复。徽、钦二帝仍然被屈辱地幽禁在金国，充当着金人的奴隶。金、伪齐政权仍占领着淮河以北的土地，国土依然是四分五裂。这些对于南宋的军民来说，都是烙在心上的一个深深的烙印。任何有骨气的国人都会感到耻辱。

南宋的一些爱国人士，从来都没有忘记国耻，没有忘记自己的两个皇帝，因此收复中原的呼声从来没有停止过，请求迎接两位皇帝的呼声也越来越强烈。比如，有些士人在科举应考对策时，挥笔写出自己的不满，提出了自己的见解。进士黄中甚至斗胆地指责高宗："人生天地之间，如白驹之过隙。所谓十年者，岂可多得？……然臣恐陛下有思念忧惧之言，而未有思念忧惧之诚心也。"（《系年要录》卷九十三，绍兴五年九月乙亥条），黄中的指责可谓击中了高宗言行不一的要害。高宗还想自己多做几天皇帝，但是他并不敢公然地激怒人民，于是他做出一副要进军的姿态。

面对着公道和私欲的矛盾，一国之荣与一己之得失的矛盾，赵构是懂得如何一步步地排除障碍，以最终实现自己不可告人的目的的。后来兴师北伐的全过程，充分地表明了赵构具有极高明的驾驭臣民的手段。

绍兴五年夏，当张浚、岳飞镇压了洞庭湖农民起义以后，高宗分别给张浚和岳飞手札，称赞张浚说："天其以中兴之功付卿乎！"对岳飞更是大加嘉奖，并在手札中特别提了一句："腹心之患既然已经除掉，进取就可以议了。"接着，高宗又擢升岳飞为检校少保、荆湖南北、襄阳路招讨使，不久，又改武胜定国军节度使、宣抚副使，令岳飞移军京西，置司襄阳。

接着高宗又与宰相张浚商议了合兵举行北伐的军事部署。按照绍兴六年（1136 年）春天议定的各路部署是这样的：韩世忠由承州、楚州出兵，进攻京东东路的淮阳军（今江苏邳州西南）；岳飞由鄂州进屯襄阳，担任荆、湖北路、京西南路宣抚副使，挺进中原；张俊由建康府进驻泗州州治盱眙县，刘光世由太平州进驻庐州，杨沂中的殿前司部队充当张俊的后援。韩世忠和岳飞采取攻势，张俊和刘光世两军采取守势。这一北伐部署，反映了以韩世忠、岳飞为战斗主力的思想，宰相张浚非常器重这两个人，并且非常了解岳飞满腔收复中原的雄心壮志。

对高宗拟定的这个军事部署，岳飞、韩世忠等大将以及朝中主战大臣都十分激动。尤其是岳飞，加紧筹措军务、研究进攻路线，十分忙碌。这时的岳家军，由于吸收了杨幺起义军中的大量战士，增加了朝廷拨归节制的韩京、吴锡、李山、赵秉渊、任士安诸部，加上前前后后吸收的来自金统治区的抗金忠义民兵，如牛皋、董先率领的河北义军、京西义军和河朔的忠义民兵，赵云率领的河东忠义军，以及由梁兴率领的太行山忠义民兵，使岳家军成为一支具有强大战斗力的抗金武装。

在这个激动人心的时刻，发生了一件不幸的事情：由于长期在水乡作战，岳飞水土不服，患了严重的眼病。回到鄂州之后，他的病情不但没有好转，反而加重了。他的双眼又红又肿，吃不下饭，浑身无力，这使得他内心更加焦虑了，眼看准备北伐的时间就要到了，可是自己的眼睛却没有好转，他担心严重的眼病会影响收复中原的作战指挥，于是向宋高宗上书请求辞职。

实际上，岳飞的担心完全是多余的，高宗并没有想要真正北伐的意思，宋高宗接到岳飞的辞职申请之后，并没有真正地关心这位一直以来为他卖命的大将的病情，而是担心这位能征善战的大将离职会影响到军事形势的稳定，于是便断然拒绝了岳飞的申请，并且严令岳飞不许再提辞职之事。为了安抚岳飞，宋高宗特意派医

宋高宗像

术高明的御医前到鄂州为岳飞治病。一段时间的治疗之后，岳飞的眼睛有了好转，岳飞的眼病好了以后，马上操练兵马，为北伐做准备。

当年岳飞随南宋朝廷到江南的时候，部下只有几千人，这些人马都是来自中原地区的与金朝有国恨家仇的将士，背负着国仇家恨，因此作战十分勇猛。

在洞庭湖平定了杨幺之后，岳飞的人马迅速地发展到十万多人。新兵主要有三个来源，一是散兵游勇，这些人大部分是来自北方的溃散官兵，具有一定的军事素养。由于之前他们跟从贪生怕死的将官，

抗金复国

所以他们遇到金兵就逃之夭夭。自从他们追随岳飞这位骁勇善战的将领之后，作战时便十分勇猛起来，经过几次战役的锻炼，已经成为一支具有强大战斗力的作战部队了。

第二个来源就是镇压杨幺起义后收编的农民军，这些农民军人数众多，几乎占岳家军一半左右，虽然这些农民军没有受过正规的军事训练，但是他们都有着一定的作战能力。为了完善岳家军的整体素质以及战斗力，岳飞将训练这支部队当作主要任务。他依靠张宪、王贵、徐庆、牛皋等心腹战将控制各部兵马，对洞庭湖农民军进行军纪、军风和战役战术训练，自此之后岳家军的战斗力有了很大提高。

第三个来源就是征剿时拨归岳飞指挥的地方部队，这部分人多是南方官兵，他们最初不听从岳飞的指挥，但在战斗中目睹了岳飞超人的勇气和指挥才能，十分佩服岳飞，于是渐渐地同岳飞站到了同一战线，并开始接受岳飞的指挥。

我们都知道岳飞不仅军事了得，而且从小便饱读诗书，因此在岳家军发展的过程中，岳飞还组建了一支谋士队伍，为岳飞作战出谋划策，但是他们大多是从事军队中的文字工作。在宋代，军人的地位是非常低下的，因此一些有才能的文人墨客都不愿意从军。但在国难当头的形势下，一些有爱国之心的文人也投入到军队中，为抗金保国贡献自己的力量。

岳飞曾说：只有广泛地收集人才，才能更好地为作战服务。由于岳飞一向以精忠报国、勇于杀敌而著称，随着岳家军势力的壮大和岳飞地位的提高，一些有才能的人也开始纷纷地投向岳飞，尤其是一些文人，知道岳飞非常重视人才之后，都纷纷前去投奔岳飞。岳飞把他们奉为上宾，以礼相待，使他们的才能得到了充分的发挥。

正因为岳飞礼敬文士，一些文士把投靠岳飞当作施展自身才能的机会。黄纵、薛弼、李若虚等著名文人都成为岳飞的心腹谋士。岳飞除了请他们参与重大决策外，还常常同他们谈古论今，研谈兵法，评点古今人物。岳飞十分重视自身品质和修养，他深知自身品行端正的重要性，万一出现过错被文人记载于史册，那将会成为自己永远的遗憾。为了避免出现错误，他常常严于律己、兢兢业业，要为国做贡献，希望自己的美名可以永垂青史，而岳飞也真正地做到了这一点。

为了能够在北伐战斗当中取得主动权，岳飞牢记宗泽在世时一贯的思想作风，积极地联合人民武装，拟定了"联结河朔"的战略。所谓河朔，就是今河北、河南、山西相连的一带。此前岳飞受命转战江淮，这一战略未能及时实施。但仍通过各种途径同河朔一带的抗金武装取得联系。

当时在太行山一带有影响的一支抗金武装是梁兴、赵云领导的人民队伍，他们以游击战的形式同金兵周旋十余年，作战数百次，杀死敌军的头领达三百多人。金兵杀害了梁兴的父母、赵云的父亲，并把赵云的母亲关押在垣曲，想要以其母威胁赵云投降。赵云突破敌军防线，向岳飞请求援助。岳飞立即派出一支兵马偷渡黄河，顺利地攻克了垣曲，救出了赵云的母亲。赵云是一个孝子，对于岳飞救出自己母亲的恩德自然是不敢忘记，自此之后岳飞与这些抗金义士结下了十分深厚的友谊。

梁兴和岳飞一样都出身于贫寒的家庭，父亲梁建和母亲乔氏都是淳朴、善良而勇敢的平民布衣，他们积极地训诲和勉励儿子以身报国。在金人攻打宋国的时候，两位老人不幸死在金人的手中，这让梁兴无比愤慨，父母的英灵激励他在抗金斗争中百折不挠，一往无前。梁兴曾经率领自己的部队同金兵主力进行过一场恶战，并取得了良好的战果，不但杀死金兵大将耶律马五，而且杀死了很多金兵，并且渡过黄河。岳飞对于这位抗金将士也是十分的敬佩，听说梁兴要来加入自己的岳家军自然是十分高兴，于是他立刻上报朝廷，留梁兴在岳家军中任职，等待北伐的时机。之后宋高宗同意"优转官资，以劝来者"。由于梁兴留在岳家军中任职，联结河朔的工作更得以大力开展。

为母守丧

为了更好地取得战斗的胜利，朝廷将北伐的军力分为左右两翼，当时在朝廷担任右丞相的张浚是一个主战派，宋高宗让他兼任都督诸路军马，主管全部防务工作。张浚把他的都督府设在干江府（今江苏苏州市），力图在北伐方面有所作为。

绍兴六年（1136 年）二月，右翼韩世忠自楚州渡淮北上，长驱直入，攻下宿迁。但攻淮阳军时，由于伪齐军防守严密，韩世忠攻城六天不能下；到了第七天，金军援兵赶到，韩世忠只得退兵楚州。过了两个月，韩世忠与金人再战于淮阳军，这次因张俊害怕韩世忠吞并他的部众，不肯派兵增援，韩世忠无功而还。东线北伐受阻。

在这关键的时刻，岳飞却收到了一个不幸的消息，母亲病逝了！岳飞对母亲的孝心人尽皆知。两年前，岳飞攻克襄汉六郡后，就曾经因为母亲姚氏病重，上奏给宋高宗，恳请解除军务。现在岳母去世，对岳飞来说，简直是个天大的打击。

听到消息时，岳飞一个踉跄，几乎要晕倒。整整三天，岳飞连水也没喝一口，只是小声啜泣，双眼红肿，眼疾也随之复发得更厉害了。

姚氏这一生，含辛茹苦，将儿子养大，送子参军报国；后来在沦陷区饱受忧患和病痛的折磨，颠沛流离到了南方，又水土不服。这个年过古稀的老人，在绍兴六年三月二十六日与世长辞。

岳飞是一个恪守孝道的孝子，他对母亲从来都是非常温顺体贴的。虽然军务非常繁忙，但只要能抽出时间，岳飞总是亲自调药换衣，将母亲照顾得无微不至，平时在母亲跟前举止都特别轻微，生怕惊动了母亲。

当时，故乡汤阴还在沦陷之中，姚氏想要魂归故里，已是万万不可能。岳飞奏报朝廷，宋高宗特地赐白银一千两、绢一千匹，并赐葬江州（今江西九江）。

隆重的丧仪开始了，岳飞和岳云跣足徒步，扶着姚氏的灵柩，前往江州的庐山。岳飞为母亲进行了厚葬。丧葬完毕，岳飞就在

河南汤阴岳飞庙

庐山著名的古刹东林寺里守孝。

这期间，岳飞悲痛万分。为追思母恩，他还在母亲墓后建了一个亭子，起名叫"叠翠亭"。每天，岳飞都要来到亭子里，守望着母亲姚氏的墓地。

按封建社会的惯例，岳飞必须"丁忧"（守孝）三年，只有情况特殊，才可停丧做官，这叫作"起复"。岳飞上书要求解职守孝，但是形势并不允许身系北伐挂帅重任的岳飞在庐山久留。驻守两淮的韩世忠等部已经行动。

岳飞以孝出名，他坚持要守孝，但是国难当头，宋高宗和朝中大臣绝对不会允许。宋高宗命令宦官邓琮前往东林寺，劝说岳飞还朝。但岳飞又拒绝了朝廷的特诏命令，仍要求为母守丧。

这在当时也是一件极受赞誉的事，因为这表明他没有恋职恋权的野心。当然，岳飞拒绝特诏命令完全是出于至诚，因为他太怀念母亲了。

而此时，伪齐的将领王威乘机攻进了唐州，杀害了两名南宋朝廷的重臣，形势非常危急。

为岳飞筹办北伐钱粮的江西制置大使李纲，也在催发，部分给养已经往鄂州解送。岳飞不得不放弃礼法，拖着因悲痛而日渐消瘦的身体，从江州（今江西九江）带兵出发，到达襄阳。

他按照母亲的样子刻了一尊木像，随身携带，在兵营中仍然对着木像晨昏定省，就好像母亲还在世一样，以此来寄托自己对母亲的思念。

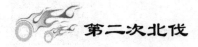

第二次北伐

伪齐政权的皇帝刘豫这个人残暴无能，而且还十分卑劣，经常勾结金人来践踏南宋的疆土。虽然赵构软弱无能，但还是在表面上采取了北伐的行动，因此很多百姓还是把希望寄托在赵构的身上。伪齐政权无时无刻不在发生着变化，刘豫不停地迁都，由最开始的大名府迁都到东平府，后来又干脆迁到了汴京。自从伪齐刘豫移都汴京以后，宋高宗又感到了一种威胁。刘豫迁都，是政治上的"南下"。

南宋绍兴四年（公元1134年），刘豫的伪齐政权第一次南下攻打南宋，南宋军队同心合力，击破了刘豫的大军，使得其十万大军全军覆没。绍兴六年（公元1136年），刘豫并不甘心，向金人请求援助，金人派遣五万军队作为支援，刘豫再一次攻打南宋。这一次金军避开了岳家军，南宋和伪齐展开了攻势，双方对等攻防，军事实力相当，不过加上金人的帮助，天平似乎又倾向伪齐这边。

当时岳飞驻守鄂州；南宋的大将韩世忠驻军楚州；张俊扎营盱眙（今江苏盱眙）；刘光世屯兵庐州。刘豫的侄子刘猊率领伪齐东路军在受到韩世忠军狙击后向西撤退，准备与刘豫之子刘麟率领的中路军会合。

在藕塘（今安徽定远东南），刘猊与张俊的部将杨沂中遭遇，双方发生了激战，杨沂中取得了藕塘之战的大胜。

刘麟的中路军与孔彦舟所率的西路军闻讯之后，便慌忙地退兵。刘豫本来预备的三路攻宋的计划，被彻底粉碎。此时为形势所迫的岳飞不得不放下个人的悲痛，整装重新上阵。

岳飞此次回到战场的时候，都统制王彦身患重病，他的"八字军"（宋高宗行营前护副军）驻扎在荆南府，和岳家军的防区相邻。王彦原先是岳飞的顶头上司，当时因为在一次战役中，王彦拒绝岳飞借粮，因此结下了恩怨，之后岳飞擅自离职，这引起了王彦的极度不满。

南宋左丞相赵鼎和右丞相张浚有意将"八字军"移屯襄阳府，由王彦出任襄阳府知府兼京西南路安抚使，归岳飞节制，这样做是考虑到日后一旦王彦病故，就把"八字军"并入岳家军。但王彦因之前和岳飞的恩怨，不接受这项任命，之后他的病情有所好转，于是，朝廷就将他的"八字军"调驻到了临安府来。

这样的结果使得岳飞不但没有增强兵力，反而还要接管"八字军"的荆南府防区，分散了兵力。王彦被调到前护副军都统制张俊的手下。朝廷改派了他人去做襄阳知府。

岳飞为了解开两个人之间的误会，特地命人去请王彦，希望王彦能够在鄂州稍作停留，两人见一面。

王彦本也是个能征善战之人，当初宗泽在世的时候，曾经化解过岳飞和他之间的恩怨。在江畔，多年未见的两人执手相看，感慨万千。宁静而宽阔的江面，在静静诉说着命运的安排。放眼望去，只是无尽的水，无尽的天。在这样恢宏大气的景色下，两人都直抒胸臆，释怀了以前的芥蒂。

两个人本都是国家的栋梁之材，岳飞这几年为国杀敌，声名响亮，因此王彦也十分敬佩，两人互相倾诉之后，伴随着徐徐的清风，王彦抱拳道一声"告辞"，他的侍从立即解开缆绳，船乘风顺流驶去。船只渐行渐远，很快消失在宽阔的江水中。

岳飞一直目送着远去的船只，感怀着曾经的戎马岁月。但可惜的是，现在战线一直在江淮一带，而不是昔日的黄河流域。可惜的还有，南宋如今把都城放在临安，这样，广大的中原地区就都成了遥远的北方。

岳飞心中时时想着带兵北伐。中原是大宋的根基，是大宋的腹地，宋王朝如果还有气数，自己就一定竭尽全力，收复这失去的大好河山。

岳家军大队人马浩浩荡荡地到达襄阳之后，岳飞首先任命牛皋为左军统制，作为先锋率兵去攻打伪齐的镇汝军（今河南平顶山一带）。牛皋点齐五千精壮人马，从唐州出发。镇汝军的将领薛亨一向以剽悍出名，牛皋在出发之前，就大喊向岳飞保证必将活捉薛亨，献给朝廷。一路上全体士兵一起大喊活捉薛亨，直奔镇汝军而来。薛亨气晕了，立即要找牛皋拼命。

牛皋军转眼已到城外，薛亨骑在马上迎战。只见这路岳家军中，一员黑汉手提一柄黑锤，已经策马冲来，马蹄扬起一路尘土。

牛皋本是粗人，见了薛亨就破口大骂，顿时惹恼了薛亨，两人一边骂一边打将起来。薛亨擅使弓箭，但此刻只能舞刀，和牛皋近身作战。薛亨大刀舞得雨水不进，灰尘不入。牛皋却兜头一锤，劈头打来，薛亨一闪；牛皋又一锤，就打折了薛亨的马腿。急速错身之中，牛皋就将薛亨生擒。

牛皋和薛亨的战斗结束之后，牛皋就带领着自己的军队一拥而上，把伪齐近万的人马吓得落荒而逃。牛皋凯旋，全军将士大受鼓舞。后来岳飞将薛亨押到临安，听候高宗的发落，高宗让薛亨回到岳家军中，戴罪立功。

另一路，岳飞派遣王贵、董先、杨再兴等领兵，往西北方向，沿汉水、淅水北上，穿过熊耳山，攻取了卢氏县，进入商洛地区；然后又分兵西取商州（今陕西商州）、虢州（今河南灵宝），东取伊阳（今河南嵩县）。董先曾在虢州地区生活过，熟知当地地形，王贵精于战术，两人很快攻下了虢州，还缴获了大量敌人储存在那里的军粮。

岳飞的骁将杨再兴率部进攻伪齐重兵防守的长水县（今河南长水，位于伊水北）。八月十三日，杨再兴与伪齐的孙都统、后军统制满在激战于业阳。杨再兴猛打猛冲，杀敌五百余，斩获孙都统首级，生擒后军统制满在及士卒一百余，伪齐数千守军立即惊溃。八月十四日，伪齐顺州（北宋时名伊阳）安抚张宣赞亲自出马，统兵两千与杨再兴战于孙洪涧，杨再兴鼓舞士卒，涉河斗敌，一鼓作气，将敌杀散。于是杨再兴部收复了长水县。此次战斗，夺到马一万匹，粮一万余石，除供给宋军食用外，其余散给民众。

南宋疲弱的士气被振奋起来。

商州和虢州确是军事要地，北可控扼黄河，与北方抗金义军直接联系，东可夺据西京河南府，西可进攻关中，几乎将伪齐的统治区一劈两片。岳家军接连三战告捷，宋廷为此下诏嘉奖说，"遂复商於之地，尽收虢略之城""长驱将入于三川，震响傍惊于五路"。"商於"和"虢略"已成两州别名。"三川"为秦朝设三川郡的古地，意指此处有河、洛、伊三川。"五路"者，是指宋朝于陕西沿边设、泾原、环庆、鄜延和熙河五路。

随着南宋两次北伐的进行，岳飞头脑里一个"联结河朔"的思路渐渐形成了。河就是黄河，朔就是北方。黄河、北方，是最终一定要打回去的。岳飞相信自己的实力。

抗金复国

这次岳飞率军从襄阳出发北上，陆续收复了洛阳附近的一些州县，前锋直接逼近北宋的旧都汴京，大有一举收复中原、直捣金国的老巢黄龙府的气势。

岳家军在短短的时间内，所向披靡，取得了攻城掠地的巨大胜利，这与他北伐之前已联结河朔忠义民兵有很大关系。用岳飞自己的话来说："相州之众尽结之矣！"岳家军北上途中，金占领区人民热情为岳家军当向导，提供敌军守备情报，供应车船，等等。岳飞十分兴奋，他曾向张浚请示过：如果军事形势进一步发展，他准备命令王贵与牛皋两路合兵，自伊洛直渡黄河，与太行山山寨忠义民兵相配合，收复黄河北岸金军占领的地区。

张浚知道岳飞此次出战又一次节节胜利之后非常兴奋，他告诉高宗说："飞措置甚大，今已至伊、洛，则太行山一带山寨，必有通谋者，自梁青（兴）之来，彼意甚坚。"

但宋高宗身边那些一心想议和的人，不停进言高宗。由于高宗惧怕金人已经成了一种习惯，他害怕岳飞惹怒了金人，因此对于岳飞取胜的态度也十分冷淡。

有一天，岳飞带领岳家军在往回行军的途中，突然遇到了一场暴雨。岳飞和部将们下马步行，到一座寺庙中避雨。

雨密集地下着，整座山都是雨声。岳家军在雨中接受洗礼，他们像一条巨蟒长龙，盘在山下，旌旗不倒。

岳飞充满感慨地对身边的人说："你们到过东京汴梁没有，我到过那座城下，城墙的高度，和这座小山差不多吧。"

岳飞陷入了沉思。忽然，他充满激情地说："我们杀贼，要一直杀，一直杀，杀过黄河！"他豪迈的言谈，让部下都拍手叫好。

岳飞又说："哪一次等到咱们岳家军一路向北，打到开封，收复幽燕失地，我要破一回酒戒，和你们痛饮一番，我们不醉不归！"

看着泥泞的山地，岳飞却豪情万丈，仿佛前面的雨地就是他梦寐以求的失地。他身边的部下无不为之动容。

理想是美好的，但是现实却是残酷的，这个时候的岳家军实际上是非常艰辛的，他们本驻扎在襄阳，那里距离南宋朝廷所在的临安数千里，军粮的运送常常不及时。现在挺进中原，却出现了这样的情况：当岳家军在陕西附近作战时，由于后勤线供应过长，留在襄阳兵营中的士兵，竟然有活活饿死的。这让岳飞十分痛心，为了保存军队的实力，岳飞不得不把已经开赴前线的一些士兵抽调回来，可这样一来已经收复的部分地区再度陷入伪齐统治之中，当地无辜的百姓、士兵，又被残忍地杀害。

高宗听取朝中一些求和派的建议，不久之后命令岳飞立即班师，岳飞不得已率军回到了鄂州。他痛感坐失良机，不能收复失地，洗雪靖康之耻。

岳飞遗像亭

后来，高宗居然说出这样一段话来："岳飞之捷固可喜。淮上诸将，各据要害，虽为必守计。然兵家不虑胜惟虑败尔，万一小跌，不知如何？更宜熟虑。"

宰相赵鼎听了他的话之后十分不解，没过多长时间，高宗同张浚又谈起岳飞商虢之捷，说道："岳飞之捷，兵家不无缘饰，宜通书细问。非吝赏典，欲得措置之方尔！"

对于岳飞的连连胜利，高宗并没有赏赐岳飞，高宗有着自己的盘算，他一直想要调整岳家军的部署。

这次北伐高宗实际上只是想要岳飞"一窥陈蔡"，使敌忙于东西应付，但是自己并没有收复陈蔡的想法，更没有渡河北上收复中原的用兵计划。这就是为什么岳飞的军队离朝廷那么近，但是却有士兵出现饿死的状况。当岳飞于八月攻克蔡州，上表请示进取中原时，高宗感到岳飞的行动已经越轨了，这还是岳飞没有猜测到的。面对自己的军队中饿死的士兵，岳飞也十分痛惜和不满，但是岳飞是精忠之士，所以对高宗隐忍了下来。

岳飞回到鄂州之后，心中想的还是收复国土之事。面对着四分五裂的国土，想着自己的同胞曾经遭到金人的屠杀，岳飞的心中是酸楚的，这满腔的情愫只有把酒问月，让月亮倾听了。

"两位皇上，臣要吃饭了"

迫于无奈岳飞撤兵了，撤兵回去之后，他并没有整日沉浸于安逸的生活当中，而是时刻都在想着国家，想着那些还未收复的山河，想着至今还被金人囚禁的两位皇帝。于是不管是行军还是居家，每一次岳飞要吃饭的时候，都必定会对着北方拜上三拜，说道："两位皇上，臣要吃饭了，不知道你们现在过得如何？"

经过这么多年的浴血奋战，岳飞取得了非常大的功绩，既有两镇节度使的虚衔，又有宣抚副使的实职。为了笼络他，高宗还时常对岳飞进行赏赐。若遵照如此丰厚的俸禄，岳飞极其容易便可过上奢侈富贵的生活。当时，朝廷里的许多大官都过着非常豪华富贵的生活，而岳飞相对来说却过着非常简单朴素的生活。

每一次出征或是行军之前，不管是轻松的战役还是相对艰难的战役，岳飞都会集结士兵们，进行慷慨的陈词，他总是说：两位皇帝目前还在金国囚禁，这是我们的耻辱。每当他说到这些的时候，总是会引起广大士卒的共鸣，他们被岳飞这种爱国热情深深地感染着。

只要没有其他重要任务在身，岳飞都会披挂上阵，挥舞战旗，鼓舞士气。将士们不仅把岳飞当作是大元帅，更当成了精神上的支柱，岳飞成了岳家军战无不胜的象征。

岳飞虽然很长时间都在南方战斗，但是他却是一个地地道道的北方人。北方人通常都吃面食，岳飞到南方后，依然保持着北方的习惯，日常食品还是面食，平时很少吃肉，如果有也只有一种。平常岳飞和部下吃饭，也只是家常便饭，难得有大鱼大肉。

有一次，饭桌上出现了鸡，岳飞吃惊地问："为什么要杀鸡？哪儿弄来的？"

厨师回答说这是鄂州的一个官员送来的。岳飞连忙吩咐厨师，以后不要接受这样的礼物，也不要杀鸡吃。他还说："将士们在外打仗，都很辛苦。"

有一名将领也带兵驻扎在鄂州，有次他请岳飞到他的军营中吃饭。一顿鱼肉之后，饭桌上摆了面食"酸馅"，这是一种类似包子的食物，在当地是常见的。但是岳飞吃了一口后，觉得似乎是天底下最好的食物。

岳飞只吃了一个，想了一想，就叫手下把剩下的"酸馅"收起来。他说："不要一次吃光了，包起来晚上再吃吧。两位皇上在北方，还不知道吃什么呢！"

除了对自己严格要求外，岳飞对儿子的管教也很严格。他规定岳云和岳雷平时要认真读书，学习之余，还要到园圃里帮忙干活，教导他们明白种田的艰辛，让他们知道应该怎样去珍惜粮食，爱惜百姓，而且规定不许喝酒，如果有谁违反了规定，就要受到惩罚。

不管是在朝廷，还是在民间，岳飞都享有很高的声誉。这不仅仅是因为他是常胜将军，更是因为他的为人。虽然出身贫苦，岳飞却酷爱读书。书是那个时代的奢侈品，但早年靠力气吃饭的颠沛流离的生活和后来的军旅生涯，都没有让岳飞放弃看书。

岳飞还非常谦虚，有错就立刻改正，从不居功自傲。对待下属的态度非常谦和，平等待人。他喜欢和幕僚谈天说地，谈古论今，而极其厌恶那些腹中空空，只会巴结奉承的小人。

岳飞经常鼓励部下给他提意见，发现错误就改正。在升迁一、二品大官，担任一支大军的统帅后，仍能保持谦虚、诚恳和率直的作风，真是非常难得。平时犯了一点小错，岳飞也会毫不隐瞒地告诉部下。

为了提高自己的文学修养，岳飞经常与鄂州的书生们来往。对于自己军营中那些文化水平较高的幕僚们，岳飞经常请他们来谈论著名的历史事件、战役，讨论兵法策略以及国家大事。岳飞常常说得慷慨激昂，让幕僚们听得如痴如醉。

岳飞也有令自己十分郁闷的地方，自己虽然屡立奇功，但是还要听从张浚的指挥，他曾经豪情壮志地说：如果自己能够掌握大权，像其他的将领一样独当一面带兵打仗，自己也一定不负众望，像关羽、张飞那样为国立功，让自己的名字永垂青史。

岳飞说的是自己的心声，但是旁边的人听了之后，多半是又畏惧，又敬佩。当时国家一片混乱，稍微有点知识的人，都能够看清南宋那严峻的形势。

在谈论当下的混乱形势时，有人感慨地说道："天下如此纷乱，不知道什么时候才能太平啊！"

岳飞马上站起来，充满激情地说："只要文官不贪财，武官不怕死，天下自然太平！"

岳飞上阵杀敌，功劳很大，但他的住宅却极其简陋，与许多官员争相构建豪华宏伟的宫殿形成了鲜明的对比。

高宗赵构曾经为了嘉奖他，原打算在临安为他建造宅第，但是岳飞却拒绝了。他引用了汉朝将领霍去病的话来作为解释："北虏未灭，臣何以为家？"他的话，使满朝君臣，都为之感动。高宗曾赐予岳飞许多财物，但岳飞从未用作私人享乐。

有一次，他命人将自己仓库里的物品，全部变卖，然后用所卖的钱去换取粮食和弓箭。有个将领说，制造兵器不必花费私人的钱财，他再三劝说岳飞收回自己的钱财。但是岳飞只是摇摇头，说如果向朝廷申请军费，还要花费很长的时间，既然如今很需要兵器，还是由自己来支付这笔费用吧！

岳飞当了大官，享受着优厚的俸禄，但是却能够保持质朴的作风，对个人的荣华富贵看得非常淡，在长年抗战中不遗余力，从不计较个人得失，为国为民奉献一片赤诚。这在兵荒马乱的年代是十分难得的。

岳飞以他自己的优秀品行，不仅深深地感染着军中的兵士，也树立起一个巨大崇高的形象，让后人敬仰。

第三次北伐

岳飞率岳家军的第三次北伐发生于绍兴六年（1136年）十一月期间。

岳飞第二次北伐刚刚结束，刘豫听说岳飞从前线调走人马后，大喜过望，感到这是可乘之机。绍兴六年（1136年）九月，刘豫不顾南犯失败的挫折，立即调集伪齐军队，会同金兵，向岳飞的防区进犯。刘豫制订了详细的作战策略：以商州、卢氏为北线，以便拔掉岳家军插入伪齐心腹的利刃；以邓州、唐县、信阳军为南线，一字形摆开阵式，而以进攻唐州的刘复大军为中轴，以直取襄阳为目标。为此，他把人马分为五路，大举进攻。

于是岳飞请求罢官的奏疏发出去没多久，朝廷调拨岳飞的命令已经到来。和这一命令一起到达鄂州军营的，还有宋高宗派来的御医和皇帝的亲笔书信。信中嘱咐岳飞将烦琐的军务交给幕僚，只要把握好大的方向就行了，同时也催促他尽快带兵东进。军令为重，岳飞知道作为臣子应该以朝廷的事情为重，于是不顾自身的病情，立马应允了高宗。

刘豫的第一路兵马大概有一万多人，直攻商州，这时候的商州只有岳家军将领贾彦带领的一支人数不多的部队在守城，形势十分危急，因此贾彦也向岳飞发出了求援的公文。

第二路兵马人数有三万五千人，金兵一万五千人（含三千骑兵，其中有伪齐兵两万人（含两千骑兵）直逼卢氏县，岳家军将领寇成率部出城迎战，并在地势险要的横涧设下伏兵进行堵截。十月二十九日，

忠 孝 双 全

击溃金齐联军先头部队一千余人，杀死百余人，缴获战马数十匹。十月三十日，再次击溃前来进攻的数千人，俘获敌军头目高收通。根据高收通招供的军情，寇成得知金齐联军主力即将到来，而人少敌多，难以抵抗，便向岳飞报告军情，请求援兵。

第三路是伪齐西京留守司统制施富、任安中、郭德、魏汝弼率领的四支队伍，进攻邓州（今河南邓州）。岳家军张宪率万余精兵迎敌。双方僵持了三天之后，展开了激烈的会战，张宪采用诱敌深入的计策，将敌军引入埋伏圈，伪齐军大败，郭德、施富等一千多人被俘，其余伪齐兵将退回洛阳。

第四路军的将领是刘豫的五弟刘复，号称"五大王"，刘复自认为懂得用军之道，因此嚣张跋扈，并且扬言要攻破襄阳，他带领军队进攻唐州，事先把李成的主力调进蔡州设伏，企图将岳家军引到蔡州，一举歼灭。

十一月初，牛皋率领八千步兵在唐州属县方城县（今属河南）东北击溃金齐联军的先头部队，杀死一个统制，俘虏一千多人，获得战马三百余匹。

岳飞派将士王贵、董先前去迎战，董先最初纵兵深入，但是伪齐兵力庞大，时常遇到数以万计的骑兵攻击，董先只好指挥军队后撤。

悍将牛皋对此很不以为然，对董先说："我们不应当让敌人轻视我们，这个时候撤退对我们毫无利处。"

董先被牛皋抢白了一番，也没有解释，一退就是一百里。敌军在身后穷追不舍，直到夜晚才停下来。

第二天，董先让全军照以前那样后撤，敌人也继续追赶。

到了第三天，董先才对牛皋等人说："你们埋怨我一直后退，现在是作战的时候了，你们拼命去打吧！"等到敌军接近，董先用小旗、小鼓和小锣指挥军队作战，由于在撤退过程中，已经充分掌握了地形，董先又指挥得当，全军一鼓作气，一下就击溃了来追击的伪齐军。敌人只好向唐州界内的牛蹄、白石地方撤退。谁知道，两天前董先纵兵深入时，已经在这里埋伏好了军队，此时一跃而出、挥舞着岳家军的旗帜，让敌军惊慌失措，狼狈而逃。

此次战役，岳家军俘获了三千余匹战马、千余骑兵，获得大胜，岳家军的兵力又得到了扩充。董先以少击众，以一万人马大败刘豫的弟弟刘复率领的十万伪齐主力，仅仅刘复一人活着逃了回去。

第五路是进攻信阳军的伪齐骑兵部队，岳家军的统制崔邦弼在长台镇（在今河南信阳北）迎击，一举击溃来犯骑兵。其实岳飞早已洞察到金齐联军的战略意图，因此把主力部队放在唐州一带的主战场，派牛皋、李建、傅选等各率本部兵马，在董先的领导下，援助在邓州阻击敌军的王贵部。岳飞也亲临邓州、蔡州一带亲自指挥。

十一月中旬，岳飞到达蔡州，在城外安营扎寨。围攻蔡州的前线指挥官王贵向岳飞汇报军情。从王贵的汇报中，岳飞感到有许多可疑之处。他认为，刘复的部队在人数上十倍于王贵的军队，虽然岳家军勇猛善战，但刘复军不至于如此迅速地败退，其中必然有诈。

为了证实自己的判断，一个寒冷的夜晚，三更时分，天寒地冻，岳飞只带了一小支部队，悄悄潜入蔡州城下。他看到蔡州的防御工事做得很好，城墙高大坚实，还挖了水沟作防护。城墙上没有守卫的士兵，只插了几面黑旗。为了打探虚实，岳飞命令手下制造声响，佯装采取进攻的样子，城楼上的黑旗马上挥舞起来，随后有一队敌军登上城墙，准备防御。

这些迹象表明，蔡州城内的敌军是有应战准备的。岳飞考虑到这次出征北伐的目的仅在于解救在这一带驻防的岳家军，而且按照精确的计算只带了十天军粮，因此不宜久战。于是岳飞决定放弃攻城，布置后撤。

岳飞又奏请朝廷增派兵力，攻下蔡州，再进攻中原。朝廷以时机未成熟为由拒绝了。岳飞于是决定带领岳家军撤退，董先率领部队殿后。蔡州城这一带伪齐的李成、李序、商元、孔彦舟、王彦先、贾潭等部，一直在附近埋伏，准备合击岳家军。岳飞退军后，李成当然不会放弃，他们穷追不舍，攻击岳家军。

董先身为殿后部队的指挥官，单人匹马走在部队的最后面。后面一队伪齐军的先头小部队隐约出现，董先便停了下来，准备迎击。当那队伪齐军走近时，董先认出其头目竟是自己的同乡。同乡在战场上相遇，倍感激动。于是双方休战。他们相遇相识之后，这名先锋透露："现在刘豫正派李成等十多名大将，各带一万人，来包抄你们，我们一直要打到岳家军的鄂州大本营里去。"

这位同乡告诉董先，此次作战，李成做了充分的准备，已打探到岳家军只有两万人马，其中能作战的只有一万四千人左右，而且只带了十日口粮，现在粮食已吃光了。而在蔡州城内有十员伪齐大将，各领一万人马，想在蔡州城外围歼岳家军，然后直取襄阳，进而攻取鄂州。李成还给每个士兵发了一条绳子，每捉到一名岳家军，便用绳子从手中心穿过，每十人为一串，志在必胜。这位同乡还对董先说："我们只是侦察兵，大军马上就会赶到，你们快撤吧！"

董先暗自佩服岳元帅料敌如神，他当即调整部署，命部下在牛蹄山下选择有利地势设下埋伏，阻止追兵前进。同时派人火速向岳飞报告军情。

董先让军队驻扎下来，掉转方向，矛头对着来敌。他视察地形，在当地树林当中选择一些重要地方，把殿后军中的大多数人马埋伏起来，自己则带人马站在桥上，等着李成率军到来。

不久，李成果然亲率大军杀来。董先早把主力隐蔽在丛林中，自己单人独马立于一座小桥之上。李成见此阵势，感到很意外，但他还是趾高气扬地举着手中的绳索，向董先大喊："你们现在已经是插翅难逃，快快束手就擒吧！"

董先毫不畏惧，朗声回答："我绝对不会跑，怕只怕你会跑！"语气从容镇定，丝毫不慌乱。

李成等人听到他的回答，看看周围森林，反而心中起了疑惑：难道岳飞已派人埋伏了重兵？于是，他们也不敢轻易进犯。

抗金复国

僵持了许久，岳飞已经率领大军赶来支援。李成从远处看到岳飞的军队如同溪流一样绵延不绝，又行军有素，心里大叫不好，赶紧撤退。王贵、董先、岳飞率领军队，又渡河追击了三十余里路才罢休。

岳飞亲自指挥大军渡河追击，在三十里的追击线上，打得李成溃不成军。岳家军活捉伪齐将官数人，俘获伪齐士兵数千人，这就是著名的牛蹄山大战。

战斗中，岳家军俘获了不少伪齐的将官和士兵。岳飞仍然贯彻他的招抚方针，分给这些俘虏一些钱物，并告诉他们："回家之后，把南宋朝廷的恩德告诉家人，等到我们去收复中原时，希望你们一起来响应支援我们！"俘虏们对岳飞的不杀之恩已经是感激不尽，又得到了许多赏赐，都欢呼而去。就这样，岳飞获得了不少人心。

岳家军俘虏了伪齐几十员将领、几千名兵士、战马三千余匹，胜利班师回朝。捷报送到临安，王贵晋升为正任的棣州防御使，牛皋升为龙、神卫四厢都指挥使和建州观察使。宋高宗提升岳飞为太尉。

这一次大捷给了金兵和伪齐兵深深的打击，高宗对于这个年轻的将领更加的信任了。但是由于高宗软弱的性格，他还是没有那种收复故土的壮志，一心想要稳定的生活，这也冥冥之中决定了岳飞以后的命运。

第六章

赵构求和

　　眼看着岳家军节节胜利，软弱的高宗却一再退缩，他像得了『恐金症』一样的惧怕金人。同时随着岳家军的日益壮大，高宗开始猜忌岳飞，君臣之间产生了严重的隔阂。高宗为了维护自己的地位，不惜低下自己尊贵的头颅，向金人俯首称臣，虽然朝野上下反对议和的呼声不绝于耳，但是高宗已经完全麻痹了，最终还是决定同金人签订丧权辱国的条款。

 **君臣间隙**

失去的大片河山一直是岳飞忧心的问题，很多时候他都眺望着远方的大片土地，想象着自己收复这些土地的那一天。为了能够实现自己的愿望，岳飞心中酝酿着一个计划，就是从他的驻地鄂州出发，北上进军，直捣汴京，而南宋的其他军队则从东南和西北两翼出兵配合，合击伪齐和金军。岳飞从各个方面做着准备。岳飞这样的忠臣自始至终都没有想过要谋朝篡位，但是不见得高宗不这样想，一些矛盾隐藏着，但是并不代表这些矛盾不存在，这个时候朝廷也发生了一件十分重要的事情。

对于是否进行北伐朝廷当中也争论不休，赵鼎和张浚虽然身为朝廷中的两大重臣，但是却在观点上存在着很多的差异。他们之间的分歧越来越大，以至达到再也无法共事的程度。两个人整日地争论不停，始终达不到统一，最后一气之下，赵鼎便辞去了原有的职位，到绍兴当一个小小的知府去了。

赵鼎走了之后，朝廷又引进了一名大臣，他便是后来人人憎恨的秦桧。返回宋廷的秦桧，曾一度没有职位，但是秦桧是一个能说会道的人，善于逢迎，很快便讨得了张浚的喜欢。由于秦桧在北宋末年曾表现过反对求和，张浚被这个表象所迷惑，以为秦桧依然像当年那样，因此就想拉拢秦桧，一来可以培植一个自己的亲信，二来也为自己培养个接班人。

　　经过从前被宋高宗罢去相职的教训，秦桧也学乖了，尽量地靠拢张浚，同时又克制住自己暴虐贪婪、媚敌求荣的本性，表面上充当宋国大臣，实际上却是一个地地道道的奸细。

　　绍兴七年（1137年）正月，金朝向南宋通报了徽宗死去的消息。高宗听后没有多大的反应，但是每次只要一面对群臣就总是装出无比悲伤的表情，痛哭不止，时常一把鼻涕一把泪地倾诉着他和徽钦二帝的深厚骨肉之情，以及家仇国志难酬的悲哀。而且每当与岳飞见面，常要谈及国势军情，佯装誓死要抵御金人的抵抗。

　　绍兴七年二月，岳飞奉命进京述职。这个时候高宗赵构十分看重岳飞，他把岳飞招到自己的卧室单独商议重大事件，这在当时对于一个武官来说是巨大的荣耀。岳飞就机智地将话题引到再次出兵北伐的问题上。

　　有一天，高宗问岳飞："卿可有良马？"岳飞一时摸不清高宗问话的用意，却借机做了一番讽谏。岳飞答道："骥不称其力称其德也。臣有二马，故常奇之。日啖刍豆至数斗，饮泉一斛，然非精洁则宁饿死不受。介胄而驰，其初若不甚疾，比行百余里，始振鬣长鸣，奋迅示骏。自午至酉犹可二百里。褫鞍甲而不息不汗，若无事然。此其马受大而不苟取，力裕而不求逞，致远之材也。值复襄阳……相继以死。今所乘者，不然，受不过数升，而秣不择粟，饮不择泉，揽辔未安，踊跃疾驱，甫百里，力竭汗喘，殆欲毙然。此其为马，寡取易盈，好逞易穷，驽钝之材也。"

　　岳飞这是以自己为一匹马来说明喂养好马需要懂得如何饲养，如何让它发挥最大作用。借此机会他提出只要高宗能够放心大胆地委派给自己更多的军队，就一定能够取得更大的成绩。他希望高宗不要被从前北伐成果不大所吓倒，而应该将目光放长远些，这样才能有所成就。

　　高宗原想以良骥能任重道远来开导岳飞，希望他能做一匹听主人驾驭的良马，顺从和谈，不料岳飞竟弹出这样一段弦外之音来。饥不择食，渴不择饮，有奶便是娘，那不是在影射刚任命的枢密使秦桧吗？容易满足，莫不是讥讽朕胸无大志、苟且偷安？

但是迫于用人之际，高宗并没有把话说明白，而是说了几句鼓励岳飞的话，大意是说，那么我就把收复中原的大事托付给你了，岳飞性格比较耿直，没有什么心机，自然没有弄明白高宗的弦外之音，这也正是高宗不满岳飞的一个重要原因——不会揣度君意。

岳飞在这个时候已经掌控了全国五分之三的兵力，岳飞重权在握，这在宋朝的历史上是从来没有过的，证明宋高宗对岳飞的重视。岳飞盼这一天已经盼了很久，收复故土的希望更近了，他不禁万分欣喜。岳飞非常感激高宗的知遇之恩，并誓死要报答这份恩情，这个时候岳飞迎来了人生中最为光辉的岁月。

对于高宗来说，这只是封建统治者为了自身利益而采取的一些笼络大臣的手段，但是对岳飞这个"精忠报国"的忠臣来说，却是非常大的鼓舞。他的心情既兴奋又激动。恢复中原大业，报仇雪耻之志不能实现，他的心情一直非常郁闷，现在，终于有机会"重新收拾旧山河"了，他积极地投入到伐金的准备工作中。

这个时候的岳飞无疑是骄傲的，自己挣的每一分荣誉都是自己真刀真枪打出来的，最为重要的是他感觉高宗信任自己，正是这份信任让岳飞失去了芥蒂。

岳飞虽然战场上英勇无敌，但是在政治上却不会揣摩圣意，也因此和皇帝之间不免产生了间隙。

赵构求和

岳

 飞

怒上庐山

　　刘光世是南宋初年"中兴四将"之一，他创立了淮西军。金军大举南侵的时候，他曾和韩世忠等一同防御江南，立下了汗马功劳。南宋政权稳定下来之后，他厌倦了刀头舔血的戎马生涯，统帅的五万大军也成了"军律不整"的骄兵悍将，朝野上下颇有怨言。刘光世早就看透了高宗的意图，因此赵构还没有开口，刘光世便上书称自己身体不好，希望能安排一个闲职。赵构赏赐给他一些珍宝古玩，刘光世津津有味地把玩到了后半夜。这让高宗十分满意。

　　但是，刘光世麾下士兵众多，训练有素，让谁来接手这支军队呢？

　　这时，宋高宗想到了岳飞。一些重臣也都上书表示岳飞是最佳人选。不久，高宗就收到了刘光世自请解除军务的奏折。高宗没有做什么挽留，就同意了他的请求。

　　随后，高宗给刘光世的部下王德等人写了一道御札，信中说道："希望你们听从岳飞的号令，就好像是我发布的命令一样！"

　　这些行动岳飞都已经知道了。素以收复失地、恢复中原为志的岳飞欣喜异常。他每次北伐，都因兵力不足，而成为局部战役。刘光世的部队兵马是自己的两倍，如果真能将这两支军队合并一起，则可大展宏图，收复中原的宏愿更容易实现了。

　　伪齐的刘豫政权，由于两次南征均以失败告终，士气低落，人心涣散，这正是南宋大举反攻的好时机。

岳飞怀着激动的心情，畅想着美好的前景。为了收复中原一事，他不停地给高宗写奏章，阐述了他对如何收复失地的想法。

高宗阅读了奏折之后，心中也十分高兴，但是高兴归高兴，高宗还有一定的顾虑。岳飞作为一介武将，已经掌握了五分之三的兵力，这不得不让高宗忌讳。在高宗的内心深处，是十分惧怕武将们权力过于强大的。想当年，宋朝的开国皇帝就是以武将的身份，发动了政变，当上了皇帝，而为了解除后患，又采用"杯酒释兵权"的办法削了一部分武将的兵权，才安安稳稳地做起了皇帝。因此对武将的防范和猜忌，就成了赵宋代代相传的家规。

狡猾的宰相张浚和秦桧就是利用高宗的这个心理，以历史来提醒高宗，不要忘记列祖列宗的教训，免得犯错。他们的目的就是让高宗明白，如果给岳飞太多的兵权，有朝一日岳飞权力达到了顶峰，功盖天下，而一旦起了谋反之心，那么想后悔也来不及了。

虽然高宗已经给王德等人颁发了御札，也命令他们要听从岳飞的安排，张浚也已经把刘光世的将军、士兵、人马列了清单，等待岳飞接手，可最关键的一点，朝廷始终没有用皇帝的名义给岳飞一道明确的公文，让他去收编刘光世的军队。

只要没有明确公文，岳飞就不能名正言顺地去收编刘光世的军队，如果岳飞贸然前去说不定还会被扣上一个拥兵谋反的罪名。

朝廷中的很多文武大臣也向高宗上奏，说："既然罢免了刘光世就不应该使用其他的大将，免得将来难以驾驭这些武将。"于是高宗决定依然把刘光世的军队作为一支独立的部队，把王德提升为都统制而归都督府，即由张浚直接统领。

于是高宗亲自给岳飞写信说："淮西合军，有很多不方便之处，之前我虽然已经写信给王德提起这件事情，但是你必须要得到朝廷的公文，才能够统领刘光世的军队"。高宗的意思很明白了，他希望岳飞放弃合并军队这个念头。赵构为自己的聪明而高兴，他委婉地取消了成命，然后，让张浚处理善后。张浚将岳飞召到都督府，在这两位坚定的、实际上志同道合的主战派战友之间，发生了一次给历史留下深刻遗憾的谈话。

张浚装作不知道高宗之前有意任命岳飞接收刘光世的军队，征询岳飞的意见说："淮西的士卒们都很服气王德，因此非常拥护王德作为新一任的统领。你认为如何呢？"

岳飞听了之后，知道事情发生了变化，但还是很客气地回答说："王德和郦琼素来互不服气，这种安排必导致二虎相争。吕祉虽是通才，毕竟是书生，不习军旅，恐难服众。"

这时候张浚又问道："那你觉得张俊如何？"岳飞回答："张宣抚性子太暴躁，缺少谋略，尤其郦琼会不服。"

这时候张浚已经十分不满了，但他还是忍住没有爆发，而是拉长了脸问："那么你觉得杨沂如何？"

岳飞回答说："杨沂虽然勇猛，但是他和王德差不多，又如何能够驾驭得了这支部队？"张浚终于忍不住了，说出了一句相当伤人的话："我就知道非太尉你来不可。"

这句话刺伤了岳飞，岳飞当时也十分恼怒，于是说道："都督您正儿八经地问我，我不敢不据实回答。难道我是为了图谋这支部队吗？"

事情已经到了这个地步了，但是岳飞还是没有死心，他还是把并军的事情寄托到高宗的身上。于是他面见高宗的时候，再次提出请求并军，高宗默默地听着，最后淡淡地问了一句："照你这么说，什么时候才能收复中原？"

岳飞回答："大概要三年时间吧。"

高宗听了，十分不愉快地说："我现在在建康，倚靠的是驻守淮南的军事力量。假如抽调刘光世的部队能平定中原，我当然会把这支军队给你。但是要是因为调动了刘的军队，不但不能恢复中原，反而把淮南这一块地给丢掉了，到时候连建康和临安都岌岌可危，你能担负起这样的责任吗!"说罢，拂袖而去。

岳飞看高宗满脸怒色，知道取消并军之事已成定局，只好默默退下。

不久，南宋朝廷明确宣布，把原刘光世所率领的部队分为六支军队，接受都督府的领导，并且由王德担任训练诸将军马的任务。

听到消息，岳飞难掩失望之情，岳飞开始了思索，一串串的疑问涌上心头，搅得岳飞心里乱糟糟的。他想起当年，收复襄阳六郡时朝廷不许越出界线一步，攻打伊、洛时不许渡河深入，而此时正当收复国土的大好时机，却又毫无理由地要收回兵权，分散兵力，这一切看似是偶然或是无意的，但其实是别有用心啊。

岳飞对高宗的出尔反尔，异常愤慨，于是上奏请求解除军务。理由是自己与宰相张浚意见不合，没有办法一起共事，当然实际理由并不是这一点，岳飞此举是为了表示对高宗的强烈不满。按当时的封建礼法制度，臣僚提出辞呈，必须要先经过皇帝的首肯，才能够离职。但是岳飞在极度愤怒下，不经皇帝许可，只对随从把军中机密做了一番交代后，就满怀悲愤地离开了建康，奔向庐山东林寺，给亡母姚氏守孝，尽一番孝心。岳飞这一近乎惊世骇俗的"抗上"行为，反映了他刚烈的性格。

岳飞的擅自离职激怒了宰相张浚，《宋史》记载，此后张浚多次上奏弹劾岳飞："岳飞处心积虑，一心想兼并别人的部队。此次辞职，真实意图是要挟皇帝。"这种不负责任的弹劾，具有极其可怕的杀伤力，岳飞陷入险恶的漩涡中。像狐狸般狡诈的秦桧，竖起两只耳朵，一边倾听高宗的动静和意向，一边也极度热情地支持张浚，一心想整垮岳飞。

岳飞的举动，也令高宗大为震怒。他对岳飞的猜疑也更加重了，但是在众大臣婉转的劝说下，加上和谈还没有获得成功，在军事上还要依靠岳飞，所以权衡利害得失，他按下了心头怒火，派都督府参议军事张宗元带领岳家军，稳住岳家军。

张宗元是宰相张浚的心腹，他原来就对岳飞怀有很深的敌意，接旨到达鄂州后，着手统领岳家军。

岳家军对此感到非常担忧，人人心中慌乱，都说："如今我们已经换了一个统帅，岳相公恐怕是再也回不来了。"后来又由因病告假的张宪出来主持军务，详详细细地向军中各大小将领解释派张宗元来岳家军的原因，费了好大一番口舌才将全军将士的军心稳定下来。

张宗元看到岳家军严明的军纪，雄威的军容，昂扬的士气，不禁消解了对岳飞的敌意，从心底对岳飞产生了深深的敬意，禁不住长叹一声："岳帅果真治军有方啊！"从此尽心尽力地操持着军务。

从后来的历史发展来看，我们不难看出实际上高宗当时确实已经失去了对岳飞的信任。在中国的历史中皇帝只要开始不信任自己的大将，那么接下来的事情就剩下诛杀了，岳飞最终也没有摆脱这种命运。

岳飞当时可能是想以赌气的方式引起高宗的重视，高宗却视而不见，但是当时朝廷确实需要岳飞这样的人才，于是高宗写了一封御札，要求他复出。接到皇帝的书信，岳飞仍然不肯回到军营。但是他还是只字不提自己和张浚不合的事情，只是说要为母亲守丧尽孝。

接到第二道御札，岳飞还是不肯遵循皇帝的指示，而是写给高宗第三道奏疏，声明自己的志向在于收复开封，此外并没有其他任何的野心，希望高宗能体恤他。

高宗这回仍然是退回原奏书，并写了第三封御札，说："我知道你的用心，也很感谢你为国家社稷操持。你是大臣，应该有所担当容忍。"

为了让岳飞复出，朝廷又派鄂州宣抚使司的参议官李若虚和统制王贵，让他们到庐山去请岳飞返回鄂州，要是岳飞再违抗朝廷的命令，不肯回军，就连李若虚、王贵都要一起以军法处置。李若虚等人来到庐山东林寺。岳飞心中的怒火还是没有消除，坚持不肯下山。一直僵持到第六天，李若虚说："难道你想造反吗？难道让你出来不是好事吗？你坚持不干，朝廷怎么会不怀疑你？想想看，你不过是农夫出身，受天子委托，掌握这么大的兵权，你是不是觉得可以和朝廷抗衡了？如你坚持不复出，我们二人受刑死掉，应算是再没什么对不起你了吧？可你一点都不觉得有愧于国家吗？"

在李若虚和统制王贵苦口婆心的劝说之下，岳飞终于同意和他们一起下山了。

岳飞来到了建康，三次向赵构谢罪，这时，张宗元从鄂州的岳家军营中回来，他告诉高宗：岳家军将领和士兵们都互相友爱，训练有素，人人心中怀着忠孝，这都是岳飞治军有方啊！高宗虽然不满岳飞个人的行为，但是听到岳家军对自己是忠心的，心中自然是高兴的。为了稳住岳飞，高宗告诉岳飞，自己并没有处罚他的意思，只要他能重新回到军中，为国效力就好。

赵构的话看似不软不硬、实则杀机四伏。一般说来中国古代皇帝在对付他们心中的异己时，很少有手软的。岳飞作为一介武夫，让自己低下头来再三地请求下山，已经违背了君臣之德，但是因为暂时需要人才，所以才忍了下来，后来发生的一切表明，赵构也是如此。

公元 1138 年，南宋已正式定都临安。岳飞回去后，又上奏道："临安靠近长江上游建都，亲率六军，监督作战，那么每个士兵都能知道您的心意，每个人必定会拼尽全力啊！"

赵构以手诏回复，表示欣赏岳飞的忠诚，"恢复之事，朕未尝一日敢忘于心"，就同意了岳飞单独北伐。于是，岳飞提起精神，厉兵秣马，准备出击。但是在这个时候淮西兵变爆发了，岳飞梦想收复大好河山的计划再一次被推迟了。实际上高宗早已经受够了岳飞，但是自己目前的地位只能靠岳家军来维护，因此他不得不采取安抚岳飞的办法，让岳飞再次为自己卖命效力。

议立太子

　　靖康二年 (1127 年)，当南犯的两路金军攻破汴京城时，北宋皇族的子孙都被金人捉了，然后押回了北方，这时候只有赵构有幸逃脱了，赵构之前有过一个儿子，但是不幸夭折了，而更为不幸的是，赵构在金人入侵南宋的追逐中，因为惊恐过度，失去了生育的能力。

　　按照祖宗家法，赵构必须从宗室中过继一个儿童来做他的儿子。好在以后继承大统。

　　绍兴元年 (1131 年) 六月中旬，上虞县丞娄寅亮乘赵构停留在绍兴府之际，上了一道奏章给赵构说："先正有言：'太祖舍其子而立弟，此天下之大公也。'仁宗皇帝诏英祖入继大统，文子文孙，宜君宜王，遭罹变故，不断如带。今有天下者独陛下一人而已。恭惟陛下克己忧勤，备尝艰难，春秋鼎盛，自当'则百斯男'，属者椒寝未繁，前星不耀，孤立无助，有识寒心。天其或者深戒陛下，追念祖宗公；心长虑之所及乎？崇宁以来，谀臣进说，独推濮王子孙以为近属，余皆谓之同姓，遂使昌陵（按即太祖）之后寂寥无闻，奔迸蓝缕，仅同民庶，恐'祀丰于昵'，仰违天监。艺祖（按即太祖）在上，莫肯顾歆。此二圣所以未有回銮之期，强敌所以未有悔祸之意，中原所以未有息肩之时也。欲望陛下于'伯'字行（按宋太祖第七世孙为'伯'字行）下遴选太祖诸孙有贤德者，视秩亲王，使牧九州，以待皇嗣之生，退处藩服。庶几上慰在天之灵，下系人心之望。"

这个奏折上表之后娄寅亮也曾忐忑不安，因为他在奏章中不仅暗示高宗从宋太祖后裔中挑选一个继承皇位，而且还委婉地说出了高宗赵构无法生育的事实。但是出乎意料的是，高宗不但没有处罚娄寅亮反而对他大加赏赐，但是高宗是真正的赞赏他吗？并不是这样的，一个30多岁的皇帝，被自己的大臣暗示自己无法生育，这是多么难堪的事实，并且高宗一直在治疗之中，但是他忍了下来。为了避免引起更多的议论，他从秀州（今浙江嘉兴）选来一个名叫赵伯琮的孩子，由张婕好负责养育。不久之后，有一个得宠的吴后又力争说，她也要养育一人，以备将来再加挑选，于是把一个名叫伯玖的五岁小儿收入宫中，由她抚养。

金朝为了扩大南宋王朝内部的矛盾，决定把宋钦宗的太子赵靖送回南宋。而赵构即位之后，未曾废除赵靖太子封号。赵靖还朝，必然引起皇位继承的混乱。

时刻以国家为重的岳飞想到，只有在赵靖还朝之前册封太子，才能避免混乱。他在临安期间，曾经见过赵眘（赵伯琮过继给赵构后的新名字），认为赵眘天资聪颖，是理想的太子人选，应尽早册封。实际上，在岳飞以为自己得到高宗的信任之后就曾经私下跟高宗提起过这件事情，因此引发了君臣之间的矛盾。群臣都有意让高宗过继一个儿子的时候，岳飞再次提出了自己的想法，再一次揭开高宗的伤疤，高宗能不怒吗？

在封建社会，册立太子象征着封建王朝的安定，可以免除皇位继承权的争斗。岳飞擅离职守的抗上行为已经加深了他与高宗之间的矛盾，议立太子之事，再度引起高宗对岳飞的强烈不满。

这次高宗很明确地提醒岳飞，他手中有重兵，并且作为一介武官，不应当参与议立太子的事情。警告归警告，在这个动乱的时期，岳飞的存在还是有着重大意义的，于是高宗派赵鼎前去开导岳飞，赵构说：前一段时间岳飞一直上书，启奏立建国公为皇子，但是岳飞身为一介武将，不可能会想到做出这样的建议，一定是岳飞身后的村秀才教他的，你去之后好好劝说岳飞，让他莫要再插手朝廷的政事。

赵鼎去劝说岳飞，并没有让岳飞死心，岳飞一直认为自己身为国家的臣子就应该为国家多考虑，但是自己却没有想到这触怒了高宗。

从此，岳飞在高宗心目中不但是一个桀骜不驯的武官，而且还是一个值得警惕、握有兵权的武将。善于见风使舵的秦桧揣摩出了高宗的心思，就一个劲儿地在高宗耳边吹风，说岳飞的坏话，对岳飞的不敬之举表现出极大的愤慨，以博取皇上的欢心。

前一段时间，岳飞还是高宗最信任、最赏识的大将，而现在岳飞却成了高宗最猜忌、最不放心的武将。君臣之间虽然表面上已经和好如初，可是暗地里却彼此怀疑，他们之间的裂痕正在一步步地扩大。岳飞志在抵抗金兵、收复国土，高宗对此却毫无诚意，一心只想求和，且担心帝位不保，这就注定了岳飞后来的悲剧。

岳飞想要合并大军的梦被破坏了，但是岳飞从来就没有放弃过要挥军北伐，收回国家的大好山河，于是岳飞重新振作精神，整顿军队，打算再次出击。返回鄂州后，岳飞再次向高宗上书，坦率地指出朝廷消极防御、不敢出兵主动进攻的错误，并且主动提出愿意带兵进驻淮河的建议。

岳飞不愧是一个忠君爱国的大将，虽然得不到高宗的认可，但是岳飞从始至终都在为国家做打算，他没有将个人得失放在心上，而是一心一意地想要完成抗金大业。高宗虽然对岳飞不满，但是用人之际，高宗还是忍住了，他对于岳飞的豪情壮志赞美了一番，也对他的建议进行了考虑，最后决定由岳飞带领部队进驻江州，这样可同时照顾到其他一些地区。于是岳飞再次把自己的注意力转移到北伐的准备当中了。

淮西兵变

绍兴七年（1137 年）八月八日，南宋军队原隶属刘光世所部的统制官郦琼、王世忠、靳赛等发动叛乱，杀死监军官吕祉等人，裹胁全军四万余人和百姓十余万投降金人傀儡伪齐刘豫。这一震惊朝野的事件，史称"淮西兵变"。

岳飞与高宗之间的矛盾刚刚得到缓和，淮西就突然爆发了大规模的兵变。淮西原来有五万军兵，因为高宗猜疑武将，因此没有将刘光世的军队交由岳飞管理，而是交给了王德。若按当初的计划加入到岳飞的军队里，将会使岳飞如虎添翼，大大增强宋军抗金的力量。但是高宗这次却选错了人，王德是个骄横自大、目空一切的人，这就必然导致军中的将士们对他产生不满，从而引发兵变。

王德和郦琼本都是刘光世手下的猛将，王德作战勇猛，杀人如麻，人称"王夜叉"，是刘光世手下的头号悍将；郦琼是盗匪出身，也是一个不好惹的主，两人在刘光世掌握兵权的时候就私下互相争斗。

刘光世手握兵权的时候，两个人惧怕刘大将领的威严不敢有所闹腾，但是在刘光世交还兵权之后，两个人之间就不太和平了。

郦琼得知刘光世交还兵权，王德升为都统制的时候，就担心王德会公报私仇。有一天，在校场阅兵时，各将领按军礼拜见王德。一向害怕王德的郦琼主动与王德套近乎，向他说好话。希望王德赏赐一庆

赵构求和

被子暖身，王德却不加理睬，连看都没看郦琼一眼就上马走了。这下可把众人给惹恼了，为了保住性命，郦琼不得不铤而走险。张浚虽然将队伍一分为六，但是由于时间仓促，刘光世的军队依旧是一块铁板，势力没有多大的损伤，于是郦琼就乘机串通各位将领，联名上告王德。王德也毫不示弱，反咬了郦琼一口。

张浚一直都非常欣赏王德的勇猛，于是就将郦琼等人大骂了一顿，高宗怕引起内讧，于是任命郦琼为副都统制。张浚派他的心腹吕祉去监督淮西军，并把王德留在那里的人马调回建康。

吕祉这个人的品行与王德一样，到达淮西后，非常傲慢，对待官兵极端无礼。他可以说出一套又一套统率军队的道理，但实际上对带兵作战却束手无策，没有一点实际的措施，他的傲慢更是激起了将士们的愤怒。

但是吕祉傲慢归傲慢，对于郦琼他也是有所耳闻的，一时之间也不敢惹恼郦琼。为了缓和郦琼同张浚之间的矛盾，他劝说郦琼：如果说事情都是你们的错，那肯定不是事实，谁对谁错都不重要，重要的是你们肯团结一心，杀敌报国，这样张丞相就不会怪罪于你们了。

郦琼本是粗人，吕祉的话总算是暂时稳住了他。但就在这个节骨眼上，杨存中做了一件十分不靠谱的事情，他派出手下的勇将无锡，监视西淮军的动静，只要一有动静，就立马动手缴获西淮军，将郦琼等人押回建康。

郦琼知道之后立即召集了西部军中的高级将领，商议对付无锡的事情，西部军的康渊提出：朝廷素来重文轻武，但是听说大齐的刘豫十分重视武将，不如我们一块去投靠刘豫。

郦琼想要投靠刘豫的事情被吕祉知道之后，吕祉立即写下密奏上书朝廷，要朝廷采取措施，捉拿郦琼等人，安抚西淮军。

郦琼对吕祉私自告密的行为心存不满，暗地里起了异心，因此拉拢许多将领，一齐反抗吕祉的独断专行。吕祉发觉情形有点不妙，就上书朝廷，请求罢免郦琼的兵权。没想到郦琼居然知道了这个消息，他干脆一不做二不休，杀掉了吕祉，然后带领全军四万多人一同投奔伪齐。淮西原是宋朝四大军事要地之一，现在一下子成了无兵无防的状态。

高宗得到奏报，赶紧给岳飞下诏书，让岳飞写信将郦琼争取回来。因为岳飞和郦琼是同乡，而且在郦琼营中素来声望很高。

高宗许诺，如果郦琼回来，可以不计较从前的事情，而且给他升官加禄。虽然有岳飞的书信和高宗的许诺，可还是无法将郦琼从伪齐营中拉回来。这件事让高宗懊悔不已。

为了防止因郦琼叛变而让金国、伪齐钻空子，岳飞首先加强了辖区内的守卫。他不辞辛劳，亲自率领将士，跋山涉水，冒着风雪严寒，巡视边界。

果然，在郦琼投奔伪齐后，刘豫立即有所反应，一面向金朝统治者乞求援助，一面着手做大举南侵的准备。

淮西兵变是南宋历史上最为重大的事情之一，相当于全国十分之一的兵力集体叛变，投降了敌人，被视为最大的过失。

绍兴七年（1137年）九月，朝廷追究淮西兵变的责任，罢免了张浚的宰相之职，解除了他的都督诸路兵马的兵权。张浚被罢免之后，取代他的是赵鼎。

赵鼎当政之后荐任岳飞、韩世忠等爱国将领，有效地组织了军事力量以抵御金兵。他极力反对和议，宋绍兴八年（1138年）因力主抗金与奸臣秦桧不和，被贬到海南岛吉阳军。赵鼎在向宋高宗的上表中，表达了他抗金救国的意志永远不会改变："白首何归，帐余生之无几；丹心未泯，挚九死而不移。"他那坚强的意志使秦桧感到胆寒："此老倔强犹者。"于是秦桧开始筹谋迫害赵鼎的计谋，赵鼎在吉阳"深居简出，杜门谢访"。"海南积荡水云飞，黎婺山高日上迟，千里孤光一樽酒，此情惟有故人知。"广西帅将张宗元遣人持诗书和药石、酒、曲前往慰问，秦桧知道这件事情之后，马上就将张宗元调离了广西。

赵构求和

赵鼎位居宰相的时候，秦桧经常在高宗面前说赵鼎的坏话，赵鼎只能以死来表明自己的清白，赵鼎临终前自书墓石："身骑箕尾归天上，气作山河壮本朝。"他以死明志，表示自己死后，不会忘记收复河山的大事，不会忘记自己是宋朝的子民，也不会忘记抗金救国是自己一生的愿望，他要把他的精神化作河山，使宋朝强大起来。遂绝食而死，时为绍兴十七年（1147年）八月。赵鼎忠义凛然，为人所钦仰，孝宗时，谥忠简。赵鼎死后，岳飞失去了政治上的援助，秦桧就更加放肆了。

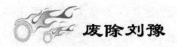

废除刘豫

金太宗死后，金太祖的孙子金熙宗完颜亶继承了帝位，完颜亶并不像他的祖父一样看中刘豫，可以说刘豫并没有给金国带来任何的利益，再三出兵不但没有取得好的成效，而且好多次向金人请求援助，损耗自己不少的兵力，因此完颜亶有意要废除刘豫。

郦琼投伪齐后，极力地劝说刘豫南侵。刘豫这个时候并不知道金人的意图，还一心想要为金人效力，当刘豫向金人请求援兵的时候，金主就假装不知。

无奈之下，刘豫就自己展开了大战，并等待着金主的救援。在一个北风呼啸的冬夜，岳家军的巡逻兵在巡视边界时捉到了一名金军的间谍。

这个时候岳飞并没有立即将这个间谍处死，而是想到了一个好主意，当手下将这个人押到岳飞的面前时，这个人因为害怕，全身颤抖得不成样子了。

岳飞一时之间没有发话，将这个间谍仔细观察一番之后，岳飞觉得这张面孔有点熟悉，然后突然像记起什么似的，既惊奇又严厉地责问那个间谍："你不就是本部的张斌吗？我派你去伪齐办事，你为什么去当了敌军的间谍？"

那间谍又惊又怕，一时之间不知道怎么说才好。

岳飞又将间谍带进自己的房间，更加严厉地责怪他道："前一次，我派你到伪齐去给刘豫送蜡书，与刘豫联络共商谋杀金兀术的计策，我一直担心你的安危，同时苦苦等待着你的回信，但是你走了之后便杳无音讯，你到那儿究竟干了些什么事情？幸亏这次抓住了你，才知道你竟然背叛了我，我平日待你不薄，你为什么竟然这样对待我？"

虽然这个"间谍"对于岳飞说的话听得莫名其妙，但是为了保住自己的性命，只好将错就错地承认自己犯了死罪，请求给予立功代死的机会。岳飞表示愿给间谍一个立功赎罪的机会。岳飞半信半疑地看看他，然后苦苦思索了一会儿，终于答应饶他一命，接着，岳飞亲笔写了一封给刘豫的密书，大意是说：去年八月交锋，我尽力进攻汝军，金人已对你有所怀疑，江上密约已有成功的希望。如谋事成功，宋与齐当结为兄弟盟国。

密书虽然进行了蜡封，但岳飞故意封得并不严密，使那间谍能看到蜡书的大致意思。然后，岳飞起身亲自为间谍松开绑在身上的绳索，好言安慰了几句，并说："今天的事情就算了，但是你一定要借这个机会将这封书信送给齐王，不得延误，以此来洗去你的罪名，你回来时还要将齐兵南归的期限带回来。"

那个间谍的脑袋点得像小鸡啄米，满口应承着，不敢说半个不字。

军吏就在间谍大腿上划开一条刀口，塞进蜡书，缝好，又送给他大量银子。岳飞反复叮咛，警告他绝对不能泄密。间谍拜谢后上路了，

第六章

赵构求和

刚走出不远，岳飞又把间谍喊回，再次叮咛，又增加赠送的银两。这样反复做了三次。金人间谍得到如此重大的情报，不敢耽误，赶快向兀术报功邀重赏去了。

那间谍一出宋朝防区，就快马加鞭地往金营奔去，见到兀术后，就将蜡书呈上。兀术看后，并没有可疑之处，并且重赏了那个间谍。兀术与刘豫之间本来就有矛盾，这次获知刘豫私通宋国，更觉得刘豫有二心，于是立即将这件事情告诉了金国皇帝。

完颜亶知道之后十分恼怒，粘罕活着的时候比较维护刘豫，粘罕死了之后刘豫在金国就失去了靠山，而刘豫又做出这样的事情，完颜亶自然是不会留住刘豫的。

刘豫画像

绍兴七年（1137年）十一月，金熙宗先在太原、河间（今河北河间）设元帅府，令伪齐军队听元帅府节制，并派兵屯戍于陈、蔡、汝、亳、许、颍之间，监视齐军行动，然后派挞懒和兀术，以配合伪齐南侵的名义，向汴京进发。兀术等约伪齐左丞相刘麟渡河到武城（今山东武城）商议军计。

刘麟毫不戒备，带了两百名骑兵赶至武城，落入了兀术布下的罗网，全部被擒。兀术、挞懒又率军马不停蹄驰赴汴京城下。兀术自领三骑突入伪齐宫中的讲武殿，露刃要挟刘豫上马，遂将刘豫禁于金明池。伪齐灭亡。刘豫的政权，由金人一手扶上台，又由金人一手撵下台。这就是傀儡政权的命运。因此，北伐收复失地的又一个障碍被清除了。

刘豫被废之后，金人开始直接统治原伪齐统治下的河洛百姓，百姓心中都十分不安，希望南宋早日派兵北上，岳飞感到这正是大举北伐的良机，于是立即上书给赵构，提出趁刘豫被废去之际，捣其不备，长驱以取中原。但是由于赵构胆小怯懦，并没有立即回复岳飞的上书。

对于岳飞提出的主张，宰相赵鼎比较认可，赵鼎在抗金的立场上虽然不如张浚、李纲等人坚定，曾经主张以黄河旧道为界。但他还是想等待有利时机北进，以图收复故土。但是这时候高宗已经迷失了心智，并不想着北伐，赵鼎虽然赞同，却也无能为力。

一心想要收复故土的岳飞，并不甘心错过这个大好的时机，他再次向高宗上书，甚至提出增兵的要求。但是却遭到了高宗的拒绝，不仅如此，高宗为了限制岳飞的兵力，还缩减了岳飞的管辖范围，这让岳飞十分懊恼。末大必折，尾大不掉，防范武将擅权，这是北宋开国皇帝宋太祖以来的家传祖训，成为赵宋历代君主防止地方藩镇权力过大、武将兵权过重的信条，高宗及南宋的一些文官们照例遵循不违。高宗抬出祖宗家法，目的是借此否定岳飞增兵的要求，否定北伐的谏议，以确保与金和议的顺利达成。

高宗的这一做法，严重地伤害了岳飞的心，对于高宗的做法，岳飞的内心虽然恼怒，但却无可奈何。

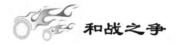

和战之争

金国废掉刘豫的伪齐政府之后，就使用各种手段迫使南宋投降，最开始金兀术派了一名使者前往南宋告诉高宗，如果高宗肯臣服于金国，那么不但会将宋徽宗棺椁归还，并且还会把河南之地归还南宋。高宗因为金人的入侵常年逃跑在外，再也不想过那种颠沛流离的生活了，听到这个消息之后，他不但没有感到耻辱，反而十分激动，不仅设宴款待了金国的使者，而且，仅隔一天，就两度派两名使者前往金国，高宗的做法让兀术十分满意。实际上高宗就是在迎合着女真统治者们的意愿，借此向他们明确表示，要在"议和"的幌子之下，实行屈服投降，并要求金朝派遣正式使臣到南宋来，共同议定"和约"。

为了防止高宗改变主意，兀术又放出风声，说准备叫钦宗回来当傀儡皇帝。此时，高宗派遣迎奉徽宗的梓棺（棺材）的使臣刚好到达金国。金国大将挞懒对使臣王伦说，和议将会很快达成，并且以归还徽宗的梓棺、高宗的生母韦氏以及黄河以南的土地作为诱饵，发动政治攻势，以动武以外的方式来和宋军斗智。

王伦回到临安后，将这个消息禀报给皇帝高宗。这一个意外的"好消息"令这个一心求和的皇帝欣喜若狂，为了在臣子面前掩盖自己奴隶的本性，他不得不装出一副无可奈何、无比哀伤的神情，沮丧着脸说："太上皇的梓棺，皇太后和渊圣皇帝还漂泊在异国他乡，受着凌辱。我整日无法安眠，如今金国能够答应我的要求，将他们都送回来，不管金国出什么样的条件我都愿接受。"高宗的意思就是说，只要金国答应议和，那么他将不惜一切代价去满足金国的要求，朝廷上下一些爱国官员早已习惯了高宗以亲情做幌子的伎俩，于是都表示沉默。

这个时候的岳飞是苦闷的，虽然刘豫被罢黜了，自己请求增兵又被高宗拒绝，还缩减了自己管辖的范围，岳飞一再上书希望高宗改变主意，都没有得到高宗的回音，准确地说高宗正沉浸于求和的美梦之中，并没有时间去理会岳飞，岳家军听说刘豫被罢黜的消息之后，备受鼓舞，很多爱国人士也觉得是大快人心，所有的人都在等待着南宋的反攻行动，但是朝廷之中却没有一点动静，此时的岳飞才知道宋高宗根本无心北伐。

就当时的形势来说，敌军的分化瓦解，既削弱了敌人的力量，也增强了宋军的力量，确实是一个北伐的好机会。

但是这时候的高宗已经完全失去了理智，疯狂地想要求和。当时的宰相赵鼎见岳飞如此执着，被岳飞的诚心所感动，于是想尽自己的一分力量，劝说高宗进行北伐。他说：刘豫被废，这时候正是人心激奋的时候，如果能够利用现在的机会及时出兵，就会有收复中原的可能，但是如果按兵不动，就只能沦落为金人的奴隶。但是高宗却对这番诚挚的话没有任何的反应，坚决按自己的意愿行事。他只想紧紧地抓住这微弱的议和的希望，早日实现议和，这一天他已经盼了很久很久。面对赵鼎再三的劝说，高宗终于表现出了不耐烦，于是不加掩饰地对赵鼎说："你不用担心朝野的议论，到如今，太上皇的梓棺、皇太后、渊圣皇帝（赵桓）都不曾回来，如果不和金国议和，他们就永远也回不来。"

这时候高宗已经完全不顾及自己以及国家的脸面了，他不但主张求和，还象征性地征求大臣的意见，把与金国议和当作是一切政治、军事活动的中心，朝廷当中一些爱国人士掀起了维护国土，维护尊严的争斗。

反对议和

宋高宗虽然违背朝廷当中众多大臣的意见，坚持求和，同时又把王伦派往金国。但是在南宋的朝廷上，关于是否该屈辱求和的争议依旧没有停止，南宋王朝的四个宰相中有三个是主和派。左相赵鼎和参知政事刘大中是体面的主和派，他们主张求和，但是希望高宗不要无条件求和丧失南宋最后的尊严，右丞相秦桧是以主和派面貌出现的，完全是不顾廉耻的投降派。

因为秦桧和金将挞懒有密切关系，宋高宗为了保持一条与金朝的联络渠道而重新重用他。秦桧因看透了赵构内心的想法，也更加肆无忌惮地主张无条件投降。

到绍兴八年（1138年）十月上旬，南宋朝廷已经听到了一些消息说，在王伦与乌陵思谋一同到达金廷之后，金国最高统治集团批准了乌陵思谋与宋廷谈判的结果，而且又派遣张通古和萧哲两人随同王伦南来，依照前次谈判结果正式订立条约。这消息促使南宋朝廷上持不同意见的各派人的争论又激化起来。

枢密副使王庶得知高宗要求和的消息之后，坚决反对，他在返回杭州的途中就写好奏章，力说"议和"之非策："先帝北征而不复，天地鬼神为之愤怒。陛下与贼有不共戴天之仇，忍复见其使乎？其将何以为心，其将何以为容，其将何以为说？且彼之议和割地，不过画淮、画河二者而已。若日画淮为界，则我之固有，安用和为？若日画河为界，则东西数千里荆榛无人之地，倘我欲宿兵守之，财赋无所从出，彼必厚索岁帛以重困我矣。不若拘其使而怒之。"及至回到杭州之后，王庶又写了一道奏章，力执前议，说道："陛下当两宫北狩之后，龙飞睢阳，匹马渡江，扁舟航海，以至苗、刘之变，艰难万状，终无所伤。天之相陛下厚矣至矣。今虽未能克复旧疆，銮舆顺动，而大将星列，官军云屯，百度修举，较之前日，可谓小康。何苦不念父母之仇，不思宗庙之耻，不痛宫闱之辱，不恤百姓之冤，逆天违人，以事夷狄乎！"但是由于王庶职位低小，而且人单力薄，并没有引起高宗的重视。

宋高宗和秦桧串通一气，赤裸裸地推行投降政策，他们原以为议和不会有多大困难，没想到却遭到许多人的反对。因为高宗屈辱求和的政策，既违背了很多人的利益，也不符合地主阶级中大多数人的意愿，所以支持他的力量是极其微弱的。但他是南宋的最高统治者，手中握着生杀予夺的大权。战与和，只在他一念之间，没有人可以阻拦。

但是王庶并不死心，他更进一步地向高宗上书，对利害进行论述："臣窃详王伦之归，以为和好可成，故地可复，皇族可归。独臣愚阁，不达事机，早夜以思，揣本齐末，未见其可。且以目今虏人利害言之：讲和为上，遣使次之，用兵为下。何以言之？虏人之破大辽，及长驱中原，几三十年矣。所得土地数倍汉唐；所得珠玉子女，莫知纪极。地广而无法以经理，财丰而恃势以相图。又老师宿将死亡殆尽，主幼权分，有患失之虑，此所以讲和为上也。

虏人灭大辽，荡中原，信使往来，曾无虚日。得志两国，专用此道。矧自废豫之后，丑迹败露，杌陧不安，故重报使人以安反侧，兼可以察我之虚实，耗我之资粮，离我之心腹，怠我之兵势，彼何惮而不为？此所以遣使为次也。

虏人之兵，内有牵制，外多疑忌。所用之人非若昔日之勇锐，所签之军非若昔日之强悍。前出后空，尝有覆巢之虞，率众深入，不无

赵构求和

倒戈之虑。又淮上荒墟，地无所掠；大江浩渺，未易可渡；诸将兵势不同曩时，此所以用兵为下也。

今彼所行皆上策，至为得计，吾方信之不疑，堕其术中，惟恐不如所欲。臣不敢效子胥出不祥之言，杀身以立后世之名，于国何补？惟陛下深思之，速断之，无使后之视今，亦犹今之视昔，天下幸甚。

臣蒙陛下过听，擢置枢庭，愚鲁自信，滞固不移，兼自今冬以来，疾疹交作，精神昏耗，脚膝重腿。伏望矜臣衰惫，保臣始终，俾解职事，以便医药。"

宋高宗见王庶誓死不肯同意他同金议和，于是一怒之下便免去了他的枢密副使的职位。

朝中仍有一些官员树立鲜明的大旗，表示不愿议和。抗战派以岳飞、韩世忠为代表，他们热爱故土，痛恨侵略国土、践踏家园的金人，为国家担忧，为人民着想，始终以坚强的意志对抗投降派的卖国主张。而投降派则是为了各自的目的，聚拢到一起，从中谋取自己所想得到的利益。

但是高宗，这个居于权力顶峰的皇帝，为了保住帝位，不惜解除精忠报国的将领的兵权，不惜降低身份向金求和，只为能坐稳皇帝宝座；而秦桧，作为金国派到宋朝的奸细，想为金国立功的心思已不止存在一天两天，而是图谋很长时间了。所以当高宗表现出与金国议和的趋势，他就想尽办法跟着高宗，照着高宗的眼色办事；还有的人或出于害怕，或出于对高官厚禄的贪欲，不一而足，但却是同一个鼻孔出气地反对与金朝做军事上的对抗。

朝中反对议和的奏章还是一如既往地像雪片一样漫天飞舞，抗金的呼声一浪高过一浪，高宗卖国求和的行动陷入了异常艰难的处境，但是，他议和的主意已定，决心利用他的权力，将这项"伟大的事业"进行到底。

在反对派的呼声越来越响亮，而金国又开始催促快速议和的时候，高宗感到他非常需要培植一个得力助手，好给他增添力量，顺利地完成"议和"这项"伟大的事业"。因此高宗很快地拜秦桧为尚书右仆射、宰相兼枢密使。这是高宗一项重要的部署,既要秦桧出面负起全权处理与金议和的责任,同时也是向金朝统治者表明,由秦桧主持议和一事,自己是铁了心地要求和,绝对不会改变主意的。

虽然朝中最重要的决定权是由皇帝掌握着,但是军事大权是掌握在很有声望的韩世忠、岳飞等人手中,因此投降派不得不有所顾忌。为了笼络人心,高宗召掌握兵权的韩世忠、岳飞和张俊到朝廷,以便对他们进行说服工作。

一天,岳飞正在家中和同僚讨论当前的国家形势,对高宗、秦桧等人的投降活动大为愤慨,这时,有皇上差遣的人带来圣上的金牌,要岳飞即刻启程,往宫中议事。岳飞明白高宗议和的主张已定,再劝说也没有多大效果,于是便找借口,拒绝前去,他一再地向高宗请求,说近来身体不好,希望能够退隐山林修养身心。最后看躲不过去,只好在九月底,赶到了临安。君臣相见时,在高宗面前,岳飞没有任何的畏惧,将自己的肺腑之言说与高宗听。

他坦白地对高宗说:"对金人不可相信,不能够一味地等待议和。议和是下策,对国家没有任何好处。求和只会让我们丧失自己的尊严,如果不加抵抗地对金国屈膝,一定会被后人嘲笑的。"

高宗自知无理,无话可说,场面非常尴尬。岳飞再次提出出兵北伐,收复国土的计划,企图能让陷入议和这个漩涡中的高宗回心转意。但是对于岳飞的慷慨陈词高宗依然没有任何的转变。

韩世忠是一个满腔热血的将领,很久以前他就已经向高宗提出北伐,对于高宗的议和,他早就在心里憋了一肚子的火。所以这次应召入朝,他更是直言不讳地将自己的看法和盘倒出,言辞激烈,态度激昂,面对最高统治者,他和岳飞一样丝毫不畏惧。召见之后,知道高宗没有回心转意的意向,更是压抑不住满腔的悲愤,又接连上书十多封,旗帜鲜明地反对议和,主张大举北伐,并表明如果朝廷出兵,他愿意担当这个重任。一片爱国之心跃然纸上,令人十分敬佩。

赵构求和

他在十一月十二日的奏章中说：“窃详金人与本朝结怨至深，又金人事力炽盈，贼情窥伺已逾十年，朝夕谋划，意在吞并。今遣使讲和，及传闻许还关陕诸路，谓是惧我兵威？谓复是曾遭毒杀，事不得已，故来讲和？臣深思熟虑，但恐以交割诸路为名，先要山东、河北等路军民，或先要应北来归朝投附女真、契丹、渤海、汉儿签军等，出此声势，摇动人情。或假此讲和割地，或以兵势逼胁，有无厌难从须索，蠹耗国用，使陛下先失天下人心，坐致困弊，方为大举。

　　今国家避地东南，目前军势贼尚提防，虽谋吞并，未敢轻易深入，故用此谋，诈许交还陕西，意望移兵就据，分我兵势。其贼必别有谋划，志在一举，决要倾危（本朝），绝彼后惠。况陕西诸路，出兵产马，用武根本之地，岂肯真实交割，资助我用？显是巧伪甘言以相诳赚。切恐使人暗赢陛下礼数，轻赐许诺，传播四方，人心离散，士气凋沮。事系安危在此一决，委非细事。”

　　他从宋、金双方强弱之势进行分析，断言在金人的所谓讲和的背后，必还存在着极险恶的阴谋，但是高宗仍然不为所动。

　　而另一个大将张俊，却表现得与岳飞、韩世忠两人截然不同。张俊本就是胆小怕事的人，就像那墙头的草，东风来便往西边倒，西风来便往东边倒，毫无主见。当他知道高宗坚决要议和的意图后，为了赢得高宗的宠信，就抓住各种时机，对议和活动大加赞赏，以讨得高宗和秦桧的欢颜。在淮西发生兵变的时候，张俊吓破了胆，擅自逃离了盱眙。为这件事他一直提心吊胆的，生怕高宗治他的罪。

　　有一段时间，他弄不清楚朝廷的动向，为逃避擅自逃离驻地的罪责，抹去这个不光彩的污点，他曾神情激昂地对高宗打包票，说什么他将和岳飞等人的军队合在一起，大破金军，报效国家。但是，当岳飞等将领为北伐一事与议和派闹得不可开交的时候，他却远远地逃开，将从前的誓言忘了个一干二净。对敌人的畏惧，对荣华富贵的欲求，使他一头扎到高宗和秦桧的投降派圈子里，做了高宗身后又一条摇尾乞怜的哈巴狗。由于张俊的及时转变，令高宗大为满意，并对张俊大

忠 孝 双 全

加赞赏，从此，张俊就成了朝中最受宠幸的大将。

但是面对全国上下的呼声，秦桧还是有一定的惧怕的。当时任中书舍人的勾龙如渊，是一个善于见风使舵的小人，他看到秦桧为此焦虑不安，便在一个深夜里，悄悄地溜进秦桧府中。两人在一起密谋了很长时间。勾龙如渊向秦桧建议说："相公为国家大事，尽心尽力，但是各种非议纷纷而来，令人深感不平。面对这样的情况，相公不如重新选择御使台官和御使谏官，平息这些对相公不利的言论，这样相公行动起来就方便多了。"

秦桧作为宰相最会揣摩皇帝的心意，正是因为他知道高宗一心求和，所以才会一直在高宗的耳边诉说求和的好处。为了让求和顺利地进行，秦桧还请求高宗将求和的事情完全交由他去做，不要再插手，以免造成阻碍，高宗对于秦桧的建议十分赞同，并且提出关于议和的事情专门由秦桧来处理。皇帝都应允了，别人还敢插话吗？这时候秦桧乐坏了，自己又重新掌握了大权，赢得了高宗的信任，这不是天大的喜事吗？

高宗将国内的舆论镇压之后，立即派出使者前往金国议和，在走之前高宗还一再地嘱咐，到了金国一定要谦和，无论金廷提出什么样要求都尽量满足，要向金国表现出议和的诚意，并要求金朝派出使者，前来南宋，商议议和的条款。

对于高宗这种行为，朝中的一些爱国官员十分无奈，于是一些没有被罢免官职的官员，也提出了辞官的请求。百姓私下纷纷责骂秦桧，朝野上下一片狼藉。

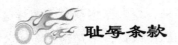 耻辱条款

 岳

 飞

绍兴八年十二月，金熙宗派"诏谕江南使"张通古携带诏书，和南宋使臣一同到了宋朝。高宗谦和地接待，害怕有不周全的地方。金人使者十分傲慢无礼，完全置南宋的尊严于不顾，只把南宋作为金国的臣子，称作江南，将金熙宗的诏书不称"国信"而称"诏谕"。南宋的声誉毁于一旦，就连秦桧也觉得这么卑微的称呼，对文武大臣很难交代，爱国的官吏、军民看到金使者趾高气扬，义愤填膺，想到国家蒙辱，痛心疾首，纷纷落泪。

主管宫殿禁卫的杨沂中、解潜、韩世良等感到后果难测，便到都堂找秦桧，请示说："以主上受金书，欲行屈己之礼，万一军民汹汹，不能弹压，将若之何？"狡猾诡谲的秦桧不作回答。他们又到御史台，责问勾龙如渊："今三大将（韩、岳、张）在外，他日（来日）见责：'以尔等为宿卫之臣，乃令上行此礼？'不知何词以对！"

这就是说，按金国的规定，高宗必须面北跪拜张通古，双手接过金国诏书，捧着诏书举过头顶称臣。过去刘豫只是当了金国的"子皇帝"，如今高宗自愿从帝位降到臣子的地位，比刘豫更加卑辱，如果这引起朝野上下军民的愤怒，起来反抗该如何收场？

杨沂中是高宗的心腹之将，连他都反对行"屈己之礼"，秦桧害怕高宗受不住反议和的"高压"，他向高宗提出议和之事胜任不了，假装

要辞职，以此激怒高宗。岂知高宗早已听过勾龙如渊的汇报，当时就怒不可遏地说："士大夫只为自身谋利，当初朕被金兵追赶到明州，那时朕即使向金人跪拜一百次，又有谁来过问？"现在连秦桧也要求辞职，高宗更加气愤，他说："秦桧向来主张议和，现在也提出要辞职了，他走了无妨，将来金人只会找朕要脑袋，总不会要秦桧的脑袋！"

高宗还是没有醒悟，他觉得只要保住自己的性命，保住江山的稳定就可以，屈辱他可以承受，这样的一个君主注定了要让南宋蒙羞，注定了要引起民愤。

果然这件事情传出之后，一时间举国上下议论纷纷，群情激奋，掀起了反对议和的高潮。就连退闲的李纲、谪贬的张浚也以极大的愤慨上书反对议和。还有许多爱国将领、官员，也顾不上触犯龙颜，纷纷上奏章对这种卖国的举动加以指责。

但是高宗还是不顾一切地同金人和谈了，可是金使却要求册封高宗为金国臣子后，才能"徐议余事"。这件事本在意料之中，但要高宗亲自向金使跪拜受诏，一则朝论坚决反对；二则当时临安府、常州、镇江、绍兴等处民情愤激，大有一触即发之势。显而易见，此事决不可行。高宗、秦桧煞费苦心，总算想出了一条计策，先由高宗向臣民表白一番说："朕嗣守太祖、太宗基业，岂可受金人册封？"又斥责王伦一番，以此抚慰一下人心。再由秦桧向金使说明高宗正在"谅阴（守丧）三年"期间，不敢冒渎受诏，现已委派他为冢宰，代高宗跪拜受诏。金使胆怯宋朝军民的同仇敌忾，只好答应。

枢密院编修官胡铨实在看不过去，于是就写了一封奏章，他将满腔怒火诉诸纸上，言辞犀利，连高宗也一起骂了。他指出高宗忘了国恨家仇，含垢忍耻，不仅丧失了自己的尊严，连天下人的尊严也一齐丧失了。他将秦桧痛骂了一番，并主张将主管议和之事的秦桧、孙近和宋使王伦一同斩首，以平息天下人的怒气。这篇正气凛然的文章，很快便在民间流传开了，并且被大量地刊印出来，极大地振奋了民心。

金朝统治者出重金买回副本，读后也大为震惊。临安城沸腾起来了。军民在大街小巷，奔走相告，怒气弥漫在城中，街上四处贴满了醒目的榜贴："秦相公是奸细！"声讨秦桧之声一浪高过一浪。秦桧吓得昼夜难眠，无可奈何之下只得上表请求皇上治罪。

宋高宗这下气坏了，自己好不容易安抚下的民心这下又开始动荡了，于是他立刻将英勇无畏的胡铨遣送到昭州，并表示以后永远不再录用。宋朝开国皇帝曾立下规矩，即不得杀言事官，所以这种处罚，已经是最严厉的一种。从这件事情上，高宗感到必须采取措施，压制这种抗议的呼声。为了惩一儆百，高宗下诏告诫百官，不准任何人再用"谣言"来阻拦议和"大计"的进行。

这个时候民众的呼声已经不能阻止了，使用武力也无法镇压了，高宗顾忌到自己皇帝的身份和民众的愤怒，又开始上演了亲情戏，他大哭着说：自己不能让哥哥死后还回不到故土啊！年底，高宗借口给徽宗守丧，由宰相秦桧代表他向金国使臣张通古行跪拜礼。气焰嚣张的金使，在当前紧张的形势下，不得不降低原来订好的礼节规格，接受了议和。

绍兴九年（1139年）正月元旦，南宋朝廷正式宣告宋金和议达成。但南宋朝廷不敢将称臣纳贡的内容告诉人民，当时实际签订的条约是：一、宋帝向金帝称臣；二、金归还南宋刘豫所占据河南、陕西之地；三、金送还徽宗灵柩和韦太后；四、宋每年向金贡献银二十五万两、绢二十五万匹（《系年要录》卷一三五，绍兴十年五月戊戌条）。

在宋金谈判过程中，金朝使者曾经有好几次暗示可将钦宗与皇太后一齐送回南宋，但南宋代表却对这个问题采取回避的态度，对金使的暗示装聋作哑，唯恐避之不及。

绍兴九年（1139年）正月，议和达成，高宗和秦桧沉醉于"胜利"之中。但他们每想起岳飞、韩世忠两位大将反对议和的坚定立场，不免心有余忧。因求和获得成功，高宗宣布大赦天下，以盛筵庆贺这来之不易的"胜利"，以此来欺骗国人，表现一片国泰民安的和平景况。

高宗为了"与民同欢"，还命令文武百官进献贺表，并用加官晋爵的手段软化反对议和的武臣。抗战派将领对此义愤填膺，拒绝向高宗进献贺表，以示对议和的抗议。

正月十二日，宋延赦书传送到鄂州岳府。岳飞授意幕僚张节夫起草了一道著名的《谢讲和赦表》。张节夫性格豪迈，极讲气节，他用非常诙谐讥讽的笔调，明褒实贬的手法，将岳飞和自己对于敌人的愤恨、故土的眷恋和议和的愤懑，从笔下流淌，写成了一篇悲壮激越、气势雄浑的杰作。

谢表的大意是这样的：我们国家经历了长期的艰难困苦，如今和金国议和，作为暂时的策略，为求得拯救国家危难，解救人民于水火之中，获得一时的平安，也是可以理解的。

但从长远来看，这毕竟不是一个长久之计，议和并不能保证维护得了国家的尊严，保得了我国人民的安宁。

我有幸生活在这个和平时期，能够看到议和这样的大事。但是，我作为国家大将，对国家没有做出什么贡献，不仅自己感到惭愧，在全军将士面前我也觉得很愧疚。而且，我还时常过多地担忧，经常感到不解，不知道敌人为什么会答应议和。我想不明白其中的道理，但是我想此事一定有诈。我还有一个顾虑，我担心即使我们对金国卑躬屈膝，言听计从，并且增加货币来达成议和，结果金国也不会领我们这份情，反倒会得寸进尺地侵略我们大宋的利益。

因此，我愿意制订夺取全胜的谋略，希望在收复两河失地后，再迅速地收复燕云等故国土地，最后达到为国复仇雪耻的目的。我向天发誓，一定要金人跪拜称臣！

这一封谢表，深沉而有力地表达了南宋人民受压抑的抗金呼声，因此立即被人民互相传诵。

高宗对岳飞、韩世忠反对议和的言行举止，当然是痛恨的，但为了维护议和，仍少不了韩、岳等大将守边，他只好隐忍。并且借举国庆贺、大臣照例加俸晋爵的机会，加岳飞为"开府仪同三司（从一品）"，又把岳飞的食邑户，从一千四百户增加到一千七百户，并特下"制书"，称岳飞"沈勇多算""机智若神""信义足以威三军，威名足以折千里"，以示恩礼殊厚。岳飞不愿接受这样的荣誉，他接连上书，要求皇上收回成命。

可是心虚的高宗坚决不允，他连续下诏书，提出种种理由，说什么军队在岳飞的统治之下，军容整齐，军纪严明，国家也日渐平和强盛，正是因为岳飞的功劳，才能顺利地达到议和的目的。高宗将议和达成的许多功劳归到力主抗金的岳飞头上，以荣华富贵来堵岳飞的口，岳飞感到这是自己受到的最大的耻辱。

当时韩世忠、张俊、刘光世同时加号晋爵，唯独岳飞四次上章力辞不受。岳飞沉痛地说："今日之事，可危而不可安，可忧而不可贺，可以训兵饬士，谨备不虞，而不可行赏论功，取笑夷狄。"

岳飞不受封赏，并不是为了"立异于众人"，而是为了向朝廷敲起警钟，也是为了避免"将来虏寇叛盟"时被敌人取笑。但最后高宗特下"温诏"，不许再辞，岳飞不得已受之。

在奏书当中，岳飞不仅表示出此次国家议和是一件耻辱，自己将永记于心，而且他对官职的坚决推辞所表现出来的正义凛然，对那帮因卖国得逞，正在歌舞欢庆的高宗君臣来说，是一个非常明显的对比。岳飞身为宋朝十万雄师的统帅，在很多官员都沉浸在"胜利"的喜悦当中的时候，依然不忘北伐大志，时时刻刻地想着复国仇、雪国耻的宏愿，在历史上立起一道不朽的爱国主义的丰碑。

岳飞的这种忠贞的气节，对于南宋广大的爱国人民来说，是一个莫大的鼓舞；而对秦桧等人，却如芒刺在背，一心为国的岳飞成了他们的眼中钉、肉中刺，大有不拔不快之意。至此，主和派和抗金派之间的裂痕更深了。

南宋史册列入了岳飞几次上书力辞官职的事实，并且，岳飞的事迹在宋朝国土的大街小巷中广为流传。

岳飞拒绝封官并不是为了彰显自己，只是提醒高宗议和只是一个暂时的策略，不是长久安邦之计，说不定什么时候金军就会撕毁和约，大举侵宋了，所以只有加强防备，增强国家的实力，防不测于未然，才是上策。

岳飞不愧是一个卓越的军事家，有着不同于常人的见地，他的猜测没有错，第二年夏天，金人就撕毁和约，发动了对宋朝的大规模南侵。好在岳飞一直没有忘记恢复中原的大志，经常操练士兵，正是因为如此，才一次次地抵御了金军来势汹汹的入侵。

赵构求和

第七章

千古绝唱

面对岳飞的岳家军，金人还是有着一定畏惧的，为了达到牵制南宋的目的，金人让奸诈的小人秦桧不断在高宗面前谗言。软弱的高宗听信了秦桧的谗言，最终以『莫须有』的罪名处置了岳飞。让人悲愤的是，抗金英雄不是死在战场，而是死在小人之手，岳飞带着自己光复疆土的宏愿含恨而逝！

失意《小重山》

　　《小重山》是岳飞在拒官之后写的，它没有《满江红》的那种慷慨的斗志和激情，呈现出的是一种低沉的格调。

　　在"举国欢庆"的时刻，岳飞的心中是愁苦的，他既没有接受高宗加封的官职，也没有奉命留在鄂州军营中"存抚军旅"。反对求和的建议没有被采纳，祇谒陵寝的请求也未获邀准，他克制了自己的悲愤之情，干脆辞了自己的一身职务，临走之前他再次上书了一封奏章："臣窃谓事君以能致其身为忠，居官以知止不殆为义。伏念臣受性愚戆，起家寒微，顾在身官爵之崇，皆陛下识拔之赐。苟非木石，宁不自知！每誓粉骨糜身以图报称。然臣叨冒已逾十载，而所施设未效寸长。不惟旷职之可羞，况乃微躯之负病。盖自从事军旅，疲耗精神，旧患目昏，新加脚弱。虽不辞于黾勉，恐有误于使令。愿乞身稍遂于退休，庶养疴渐获于平愈。

　　比者修盟漠北，割地河南，既不复于用兵，且无嫌于避事。伏望陛下俯照诚悃，曲赐矜从，令臣解罢兵务，退处林泉，以歌咏陛下圣德，为太平之散民，臣不胜幸甚。他日未填沟壑，复效犬马之报，亦未为晚。臣无任激切战惧俟命之至。取进止。"

　　对于岳飞的这次上书，虽然高宗知道岳飞饱含着讽刺之意，但是高宗并没有理会岳飞，而是任由他发泄自己的不满和牢骚。

在等待了许久，仍然杳无音讯的时候，岳飞生气了，于是接着上奏了《乞解军务第札子》，全文是："臣顷以多病易衰，仰渎宸听，乞退处丘坟，以便养疴。伏蒙陛下未忍弃去，尚阅俞音。不免控沥肺肝，再虑悃幅。今贤能辈出，才智骈臻，干城腹心之士，可付以军旅者类不乏人。则臣之所请无邀君之嫌。今讲和已定，两宫天眷不日可还，偃武休兵可期岁月。

则臣之所请无避事之谤。臣不揆庸愚，幸免此二事。止以疾病余生，恐误任使。久享厚禄，坐费太仓，蚤夜以思，身不遑处。所以不避斧钺，至于再而不自己。伏望陛下垂溥照之明，回盖高之听，曲加仁恻，洞照愚衷，使一夫之微终遂其欲，特许退休，就营医药，臣不胜感戴圣德愿望之至。取进止。"

岳飞自以为可以打动高宗的心，但是高宗对于岳飞的建议，对于岳飞的抱怨，不但没有听进心里，而且还不当回事，岳飞频繁地上书让高宗感到心烦，于是高宗就做出了批示，意思是告诉岳飞做好自己的本职就好，无奈之下，岳飞只得牢牢地守在鄂州的军旅之中了。

面对高宗的议和，岳飞恨自己无力，他食不知味，睡不安眠，日夜忧虑。岳飞不仅是一个军事家，战略家，也是一位诗人，他从小就在诗词方面展现出了极高的才华，字里行间都深深地饱含着自己的爱国深情，在民间广为流传。这个时候的岳飞心中是苦闷的，但是谁又能理解自己心中的这份哀愁呢？

一天晚上，岳飞想着复国大计渺无希望，心里的话无人倾听，思来想去无法入眠，于是就点亮油灯，提笔在纸上写下了这一首脍炙人口的《小重山》：

昨夜寒蛩不住鸣。惊回千里梦，已三更。起来独自绕阶行。人悄悄，窗外月胧明。白首为功名。旧山松竹老，阻归程。欲将心事付瑶琴。知音少，弦断有谁听。

这首词并不像《满江红》那么充满着壮志激情，而是以一种低沉忧郁的笔调将内心的愁闷倾诉出来。

这首词的上阕写的是：夜深人静的夜里，四处都是静悄悄的，只有田野里传来的小虫的鸣叫声。梦里我又回到了故园，心中的高兴和欢欣是无法言说的，可是醒来后，才知道那只是一场梦，而窗外明朗的月亮正高高地挂在天空，倾泻出如水的月光。

下阕写的是：为实现收复中原的理想，我东征西讨，奋斗了那么久，连头发都熬白了，可是故乡的松竹盼我也盼老了，我回家的路却依然受阻。我心里有许多话想说，可是知音太少，没人能够真正地理解我的心情。虽然想弹支曲子排遣愁绪，可是即使将弦拨断了，又有谁能明了呢？

前三句写梦见自己率部转战千里，收复故土，胜利挺进，实现"还我河山"的伟大抱负，兴奋不已；后三句写的是梦醒后的失望和徘徊，反映了理想和现实的矛盾。以景物描写来烘托内心的孤寂，显得曲折委婉，寄寓壮志未酬的忧愤。

前三句感叹岁月流逝，归乡无望。"阻归程"表面指山高水深，道路阻隔，难以归去，实际暗喻着对赵构、秦桧等屈辱求和、阻挠抗金斗争的不满和谴责；后三句用俞伯牙与钟子期的典故，表达自己处境孤危，缺少知音，深感寂寞的心情。

岳飞为抗金大业付出了许多心血，可是却不为高宗等人所接纳，北伐之路屡屡受阻，因此难免有曲高和寡、知音难求的感慨，这是一声多么沉重的叹息啊。

这首《小重山》，是用另一种艺术手法表达他想要杀敌报国，但是却壮志难酬的情怀。岳飞抗金的志业，不但受到赵构、秦桧等奸诈小人的迫害，而同时其他的人，如大臣张浚，诸将张俊、杨沂中、刘光世等，都进行阻挠，因此岳飞觉得朝中上下找不到可以诉说的知音，自己成了孤家寡人。下阕"白首"二句，表面看来，似乎有些消极情绪，但实际上正是壮志难酬的孤愤。"欲将"二句，用比兴含蓄的笔法点出"知音"难遇的一种凄怆情怀。岳飞的这首词，也让我们在哀痛叹息的同时，领略到了他高深的文学造诣。

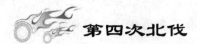

第四次北伐

果然不出岳飞的所料，宋金议和不久，金人就撕毁了条约，金国国内的兀术一派就联合起来反对将河南、陕西还给宋。兀术向金熙宗说：挞懒、蒲卢虎与宋有勾结。金熙宗遂以谋反罪处死挞懒、蒲卢虎等人。兀术升任都元帅，总揽金朝军政权。

金人的议和策略只是为了麻痹南宋朝廷，不久之后兀术就宣布要以武力夺回河南、陕西。绍兴十年 (1140 年) 五月，刚提升为都元帅封越国王的兀术，在祁州元帅府，借诸路兵马大检阅为名，调动各路兵马，对南宋发起了全面进攻。金兵分东西两路：兀术统帅十万东路大军，以侵山东的聂儿孛堇军和河南的李成军作为左右翼，取道汴京下两淮；右副元帅撒里喝统率西路军，由同州（今陕西大荔）出发攻陕西。

这时候，宋高宗开始慌了，连忙不断地给岳飞下发御札，督促他做好应战的军事准备，并要他派遣部队支持在顺昌抗金的刘錡。

随后金军兵分四路，大举南下。亲率主力攻入开封。陕西战场上，吴玠已病逝，他所辖的行营右护军由副手带领，和金人在关中僵持，双方处于胶着状态。京东路战场上，韩世忠所部攻取了海州，在淮阳军附近抗击金军，双方也僵持不下。这一东一西，都是平局。

最关键的中部战场，金兀术在李成的帮助下，和岳飞的"岳家军"、张俊的"行营中护军"以及刘錡的两万"八字军"较量。

刘錡统率的是当年威震太行的"八字军"，全军拥有丰富的战斗经验，士气高昂。金军先头部队抵达顺昌城，刘錡率军出战，几次击退敌军。二十九日，三万金兵把顺昌城四面包围，刘錡大开城门，采取立体战术，城上城下、弓箭大刀一起使用，打得金军惊慌四散，死伤不计其数。

金兵用尽计谋，也无法拿下顺昌城。就连金兵引为自豪的铁甲骑兵"拐子马"，也被刘錡用计攻破。至此，金兵已对顺昌无可奈何。

当兀术亲率大军十余万赶到顺昌城时，见顺昌城还未攻下，十分不满，当即命令金兵准备对顺昌城发动总攻。

实际上，高宗和秦桧早就得到金朝将要废弃议和的可靠情报。绍兴九年三月，宋使王伦到达汴京，与兀术办理交割河南地界的手续。兀术帐下有个王伦从前的属下，他顾念旧日恩情，悄悄地向王伦透露了兀术准备发动政变，杀挞懒等人的阴谋。王伦听了急忙写了一道秘密的奏折，将这危急的形势报告给了高宗，请求宋廷开始加紧防备，派张俊守在东京开封府，韩世忠守南京应天府，岳飞守西京河南府，吴玠守长安，并由张浚重开督都府，统领各路大将，以便在发生不测时容易调派。但是高宗和秦桧对此却不理不睬，命令王伦照旧出使金朝。绍兴九年六月，王伦渡过黄河，刚到达中山府，就被金朝扣押起来，没有丝毫行动的自由。

金朝贵族派宋朝副使蓝公佐回到宋朝，按照议和时的约定索取巨额的"岁币"，并且提出了宋朝必须用金朝年号等无礼要求，大肆对宋朝进行挑衅，为进一步发动战争做准备。形势已经发展到有一点火星就要引起熊熊战火的地步，可是高宗依然不紧不慢，在众将领的一再要求下，还是不肯派大部队进驻河南。

韩世忠眼看着金朝发生政变，于是主张先发制人，乘虚掩击。高宗却照样对之不加理睬，还说韩世忠是一介村野武夫，不识大体，说什么如果宋动兵，那金国又怎么会信任我们呢。就这样，高宗没有采取任何相应的措施，只是在坐等金国翻脸毁约。

等到金兵攻克洛阳等地时，宋高宗才如梦方醒。而秦桧其实早就醒悟了，却没有采取任何应急措施。他派在河南地区的那些地方官，在金兵入侵时，一个个吓得毫无抵抗能力。

甚至在刘錡大胜金兵的时候，秦桧曾要求刘錡全线撤退，以证明他求和的决心，但是刘錡并没有听从他的，率领部队勇敢地抗击强敌。他不断地激励部下，要与金军决一死战。全军兵士在刘錡的感召下，全军上下，凿沉船只，修筑工事，表示决不后退。刘錡还把柴火堆积在自家门前，说："万一不利，就烧焚我的家眷，决不让他们落入敌手遭受污辱。"刘錡部署将佐守城门，加强侦探，招募百姓作哨探。"男子备战守，妇女砺刀剑"。"八字军"健儿互相激励说："我辈自此出阵，未曾立功，今才至此，便遇大敌，须是出力报答国家！"（《会编》卷二一，杨汝翼《顺昌战胜破贼录》）众将士斗志昂扬，准备与敌人大干一场。

绍兴十年六月初，金三路都统葛王乌禄以兵三万，与龙虎大王合兵，围攻顺昌。刘錡或用神臂强弩，或用步兵邀击，或遣骁将、募壮士雨夜袭击敌营。金兵大败，损失铁骑数千。都元帅兀术见败报后，自率十万大军驰往顺昌。兀术一到顺昌，察看城墙守御工事十分简陋，傲慢地说："这样破败的城墙，我用靴尖一踢就倒！"责骂四员大将（三路都统、龙虎大王、韩常、翟将军）不中用。

兵临淮河，大军压境，高宗急忙任命刘錡为"沿淮制置使"，要他守住淮河；一面下令岳飞速援淮西。岳飞当即派出张宪、姚政率军东进，牵制金军兵力，以解救顺昌之围。当天晚上，他们乘着月黑风高，抓住金军轻敌、远来疲乏、怕热畏暑等弱点，已先在城外的水源、草丛处撒了毒药，致使渴不择饮的金军人马大批中毒，战斗力大为削弱。刘錡又派人下书与兀术约战。这件事使兀术大怒，他立刻派金将率领三万人马来攻打顺昌城。智勇双全的刘錡，充分发挥了他的指挥才能，将龙虎大王的三万金兵杀得尸横遍野，兀术看吃了大败仗，不敢再攻城，只好逃回汴京。顺昌一战，英勇的"八字军"以少胜多，创造了在平原地区大破金军的奇迹。

当金军围攻顺昌时，即不到半个月的时间中，岳飞接连收到高宗六封诏书，可见高宗忧虑焦急之状。其中有一封诏书这样写道："金贼背约，兀术见据东京。刘錡在顺昌，虽屡有捷奏，然孤军不易支吾。已委卿发骑兵策应。计已遣行。续报撒里喝犯同州，郭浩（宋永兴军经略使）会合诸路，扼其奔冲。卿之一军，与两处形势相接。……左可图复京师，右谋援关陕，外与河北相应，此乃中兴大计，卿必已有所处，唯是机会不可不乘！"（《金佗粹编》卷二《援顺昌六诏》）

当时岳飞在鄂州驻军，看到金军一再地被刘錡打败，发现这些金兵事实上只是看似强大，实际上却不堪一击，这就更加增强了他的信心。收到高宗的诏书之后，他马上上书给高宗，将战况告诉了高宗，请求高宗让他带兵北伐，趁此机会把金兵赶出国土，好收复中原。高宗看了岳飞的报告，觉得岳飞说得不错，就同意了，并且进封岳飞为"少保"，并加援河南北诸县招讨史的官职，把岳飞的权力又扩大了不少。

高宗授命岳飞"一援、二取、三收复"。"援"，东援淮西，西援关陕；"取"，图取开封；"收复"失土，北渡黄河。但究其本意，不过是想叫岳飞在中线出动，牵制金军东西两路的进攻。

但对岳飞来说，这道允许深入北伐的"王命"，已让他朝思暮想地整整等待十五年了！今日一旦得着皇帝的赞许，他该多么兴奋喜悦！现在希望即将付诸实现，这才是最大的幸运，最高的赏赐！

岳飞在全盘部署了作战计划和防守安排之后，把他的"司令部"也向北移动。我们可以从这些军事行动中探究到岳飞的勃勃雄心：早在议和期间，岳飞预见到金必败盟，宋金必再战，因此，他从未中断北伐的筹划工作。绍兴九年和议达成后，岳飞不顾高宗、秦桧的限制，就派河北路统领忠义军马李宝过黄河，串联河北忠义民兵在滑州境内活动。当金军败盟南侵后，李宝、孙彦便沿黄河东下进入兴仁府（今山东定陶、菏泽一带）。这一支战斗力颇强的忠义军，正部署在开封的东面，牵扯了金人的部分兵力。他不仅要完成朝廷给予他的任务，经营陈、蔡两地，更要从陈、蔡进发，拿下旧都开封，渡过黄河，直捣金国老巢！

接着，又派统制官梁兴、边俊、李喜等渡黄河进入太行山区，联络河东忠义民兵，使河东、河北忠义豪杰"相与犄角"。以上是黄河北岸的部署。

第二，派吴琦到陕州，在中条山集合忠义民兵，接应大军"掩杀金贼，收复州县"。陕州为西入关陕的紧要门户。吴琦在中条山的活动，既能切断侵入河南的金军李成部同入侵关陕的撒里喝部的联系，又能与增援郭浩的武起部相为犄角，起到互为应援的作用；此外，还构成了掩护岳飞主力挺进的一个侧翼。

第三，从全局着眼，派最得力的前军统制张宪、姚政东援刘锜，派武起带一支军马西援郭浩。

第四，派中军统制王贵、牛皋、董先、杨再兴、孟邦杰、杨成、郝晟、张应等，分别经略洛阳、汝州、郑州、颍昌、陈州、光州、曹州、蔡州等河南地，并夺取东京。

第五，岳飞自率一军，长驱北伐，俯瞰中原，伺机渡河，收复河北失地。

第六，沿江布防，除留守襄阳防区外，还分兵长江中游驻留池州。

岳飞的措置规划，虽行之于今日，但却是十五年来听取了中原义兵首领、中原父老的呼声，与将佐谋士日夜筹划的结果。

从这规划苦心经营的过程，也可看到岳飞一心为国、一心拯民的心胸。得到高宗的赞许后，岳飞立即率军奋迅疾驰，向中原挺进。

宋高宗绍兴十年（1140 年）六月，岳飞的第四次北伐正式开始了。六月十二日，岳家军统制张宪和姚政率前军与游奕军攻下蔡州（今湖北枣阳南）。岳飞立即委派马羽镇守蔡州。

岳家军英勇善战，不久就击破了敌军，将蔡州攻下了。接着牛皋也带兵出战，很快地就击败了京西路的金军，牛皋率领的军队势如破竹，攻克了好几个地方后，又带兵返回，与岳飞的大部队汇合在一起。

在获得一系列的胜利之后，岳家军重新整顿了军队，发起了更加猛烈的攻势。岳飞最得力的部将、能征善战的张宪依然是第一个出兵。他指挥军队，在离颍昌府四十里的地方，同金朝的韩常军对阵。宋军士气高昂，将金兵杀得落花流水、溃不成军。

金人听到岳飞大军出动的谍报后，胆战心惊。不过，最害怕岳飞进军的却是卖国投降的秦桧。金人败盟毁约，对坚持议和的秦桧是当头一棒。秦桧怎能不担心皇帝怪罪而将他第二次罢相呢？

于是，他对投机钻营的给事中兼侍读冯楫说："金人背盟，我的去向未卜，不知皇上心思如何，请你探听一下圣意。"冯楫自然照办，一天对高宗说："金人长驱犯顺，势须兴师，如张浚者，且须以戎机付之！"高宗一听，板下脸孔厉声地说："宁至覆国，不用此人！"秦桧听了高宗决不起用抗战派张浚的信息后，非常高兴。他明白了，高宗采取妥协投降的政策没有改变。

不久，宋军又占领了淮宁府城，并活捉了许多金兵，缴获了大批的战马和武器。这样，金军为保护开封府所设的三个战略据点，在很短的时间内，就被岳家军拔掉了两个。

而其他各路军队，也屡战屡胜，张宪带领军队收复了开封以南的地区，战果非常辉煌，而另一支岳家军在王贵的指挥下，攻取了开封以西的地区。中军副统制郝晟统领军马，直向西京而去，在离洛阳城六十里外扎营。金朝河南知府李成手下有七千多"番人"，三千多食粮军，五千多匹战马。

宋军到后，李成率几千骑兵向宋军挑战。郝晟命令将官与李成的军队作战，给了敌人迎头痛击，并且乘胜追击，将敌兵逐赶到洛阳城下，郝晟在后面擂鼓助威，并率领全军一同追击，李成吓得肝胆俱裂，

千古绝唱

害怕得连夜弃城逃跑，城里的敌兵也纷纷举手投降。第二天，岳家军就顺利地收复了西京。

在不到半个月的时间内，岳家军捷报频传，如一阵狂风般席卷了京西，兵临大河，胜利地完成了扫清开封外围的作战计划。这些都极大地鼓舞了南宋人民的斗志。

然而，偏安在临安的南宋小朝廷，对于到底打到什么地步，一直还没有拿定主意。六月中旬，他们派遣大臣到韩世忠、张俊和岳飞的军营中去计划军务。

高宗给岳飞带去了一道御札，其中写道："凡是能够防御金人的战术，你都尽管筹划布置，到时候上奏告诉我就好了。"

既然高宗坚持妥协投降的国策，因此，当顺昌解围，东西战线都顶住了金军的进攻，局势又趋稳定时，必然又要考虑收缩战线了。高宗决不允许岳飞按照原计划深入，深恐再有一失，妨碍今后的继续议和。高宗连忙派司农少卿李若虚赶到鄂州向岳飞传旨班师。

岳飞在感情上不能接受这样的旨意。他回想起几年来为策划北伐进行的精心准备，为了促进北伐，他不惜得罪权臣。如今既然有了支援刘锜的命令，就可以乘机出兵，直取汴京，收复故土，有可能的话，还要直逼燕京，彻底赶走金兵。想到这里，他决心不惜一切代价再一次抗拒宋高宗的命令，决不半途而废。只要能收复中原，死而无憾。

李若虚不愧是岳飞的知音，他知道岳飞的大志，因此自己虽然身为传令官，是来传递皇上的旨意阻止岳飞北进的，可他本人实际上完全同意岳飞的观点。他悄悄地对岳飞说："形势已经到这一步，当然有进无退。少保您照旧出发，矫诏之罪，让我来承当。"这一点让岳飞十分感动，于是岳飞再次不顾高宗的命令，按照原定计划出发。

大破"拐子马"

随着光复地盘的日益扩大，岳家军的兵力也愈来愈分散，形成了孤军深入的形势。汴京已近在咫尺，岳飞急于缩小防区，集中兵力。事实上，在收复洛阳之后，岳家军已停止全面的推进，开始逐步向汴京附近集结。

兀术见到有机可乘，便不分昼夜地和部下研讨破解岳家军的方法。这天，兀术正在和手下商量着对付岳飞的办法，士兵进来报告说："完木陀赤元帅、完木陀泽元帅带领'连环甲马'在营外候令。"兀术大喜，忙传令请进帐来。兀术道："这'连环甲马'练了数年，今日终于成功！明天就麻烦二位元帅出马，擒拿岳飞！"二人领令出帐，到后营休息。

绍兴十年七月八日，探马忽然飞速来报告岳飞："不好了，兀术率领龙虎大王完颜突合速、盖天大王完颜宗贤、昭武大将军韩常等，率其精锐骑兵，神速出现在距郾城只有二十多里的路上！"

原来七月初，兀术在顺昌之败一个半月后，得到了盖天大王的援军，在探知岳飞本人在郾城指挥岳家军后，全军出动，直扑郾城这个岳家军总部。

兀术毕竟是一代名将，他认为宋军其他的部队都好对付，只有这支岳家军是其最精锐的部队。现在岳飞将司令部设在郾城，把重兵派往颍昌，部将们都分别率兵外出作战，留在郾城的兵力有限。要是能

岳飞雕像

够把岳飞引出来，奋力一战，一举拿下，必将大大摧毁岳家军乃至整个宋朝的锐气。

计谋已定，兀术就挑选一万五千多名骑兵，披挂重甲，走小路，直接到郾城，抄袭岳家军的大本营。

岳飞命董先率领陶进、贾俊、王信、王义四将及五千人马出战。五将一齐来到阵前，完木陀赤扬言要擒拿岳飞。董先听了大怒，"口当"的一铲打去，完木陀赤舞动铁杆枪，架开月牙铲，掉转枪头朝董先刺去。董先侧身躲开，挥铲再砍。两人战不到五六个回合，完木陀泽看见完木陀赤战不过董先，拿起手中的浑铁锐，飞马来助战。陶进等四人看见了，举起大刀一齐上前。七个人跑开战马，犹如走马灯一般，团团厮杀！这两员金将怎敌得过五位宋将，只得掉转马头往回撤。完木陀赤边走边叫道："宋将不要追赶了，我有宝贝在这儿！"

岳飞知道来的是劲敌，也亲自率领四十多精锐亲兵铁骑，来到阵前。

都训练霍坚怕岳飞有闪失，上前劝阻道："您是国家的重臣，安危所系，关乎国家，怎么能这样轻敌！"

岳飞回答道："冲锋陷阵是我的责任！"

岳飞跃马冲出，以神箭射击金军阵地。岳飞挽的弓有三百斤，这是南宋军人里的最高纪录。岳家军将士看到统帅亲自出马，顿时全力死战。岳飞身边兵力虽少，但个个气势如虹，浑身是胆。他们认为，刚经历顺昌大败的金兀术军气焰已经大不如前，通过一场恶战抵抗住金军是完全有可能的。也只有这样，才能保持现有的战略进攻的态势，为将来合围开封做好准备。

岳云手拿一对铁锤，重八十余斤，率领骑兵从金军中穿过，毫不畏惧，无人能挡。这样十来个回合之后，一向以骑兵为傲的金军被岳云杀得尸横遍野。金兀术只好使出他的撒手锏"常胜军"，用"拐子马"的阵形来钳制宋军。

完木陀赤、完木陀泽引着董先等人来到营前。只听见一声炮响，两员金将往左右分开，从金营里冲出三千人马来。那马身上都披着盔甲，马头上用铁钩铁环连锁着，每三十匹站成一排。马上的士兵都穿着生牛皮盔甲，脸上也戴着牛皮做成的面具，只露出两只眼睛来。几十排弓弩，几十排长枪，共一百排，一齐冲出来，把宋军一齐围住。这正是威力无比的"连环甲马"阵。三千金兵枪挑箭射，猛烈出击，不上一个时辰，五员大将及五千人马，几乎全部命丧于阵内。仅剩下几个宋兵侥幸带伤逃回宋营。

兀术使用的"拐子马"，每三十匹马用皮索相连，排山倒海，像一堵墙一样行进。他想要在关键时刻，通过集团冲锋的形式，来击溃岳云的宋军骑兵。

那些伤兵仓皇逃回营中，报告岳飞。岳飞闻报，大吃一惊，忙问："董将军等怎么样死的？"逃回的宋军将"连环甲马"的事细细叙述了一遍。岳飞听了，大惊失色，痛哭道："苦哉，苦哉！早知道金兵使的是'连环甲马'，董将军等就不用枉死阵中了！早年呼延灼曾用过这种阵法，徐宁传下的'钩连枪'可以破解。可怜五位将军白白地送了性命，真叫人痛心！"岳飞让人准备好祭礼，亲自出营，带领众将遥望金营，哭奠了一番。

拐子马并非一般的战术，因此岳飞非常重视，回到营中之后，岳飞便教他们破解方法，他命孟邦杰、张显各带兵三千，去练"钩连枪"；张立、张用各带兵三千去练"藤牌"。

第二天，孟邦杰、张显、张立、张用已将"钩连枪"和"藤牌"练熟了，回营缴令。

千古绝唱

重铠"拐子马"再次轰轰烈烈而来，地动山摇。岳飞知道决战的时刻到来了，便走入军营，命令他的将士，每个人都带上麻扎刀、提刀和宋军重斧这三样东西，在作战中，只埋头砍敌人的马脚。要知道，常胜军全是披挂重甲，手持狼牙棒，一般的将士都望而生畏，又有多少人敢于冲到他们面前砍马脚？但岳家军不是一般的部队，他们个个血气方刚，骁勇善战、训练有素，专门对付金军这套战术的精锐步兵上阵了，他们以长柄麻扎刀专剁"拐子马"无法用重铠包裹的马腿。

只要一匹马被砍掉一条腿倒地，重铠"拐子马"一排三十匹马就无法奔驰，然后，岳飞的精锐步兵就立刻用重斧砍马上骑兵的肩胛、颈部等关节部位。重铠"拐子马"乱作一团。

岳家军将士不管头顶上有多少闪着寒光的兵器，不管身上受了多少处创伤，不管鲜血如何喷涌，都一往无前，冲向敌军。在岳飞的带领下，岳家军将士以一敌十，全力厮杀。

马脚被砍断后，金军骑兵们纷纷落地，毫无招架之力。岳飞瞅准时机，一声令下，全军突击。

杨再兴单人匹马，直接拿下了兀术的帅旗，要直取兀术人头。金兵大惊，奋力挡住岳家军的主将。杨再兴一人手刃数百人，杀出重围，鲜血把他的衣服都染透了。将士们看到杨再兴如此勇猛，士气高涨，纷纷拿起长刀巨斧，砍开金兵铁甲。金兵无法抵抗，只有逃跑。

孟邦杰、张显等四将到金营前讨战，完木陀赤兄弟上阵迎战。互相通报了姓名之后，完木陀泽和张立两人拍马抢枪，战了几个回合，完木陀赤诈败进营。张显等四将领兵追来，突然一声炮响，三千"连环甲马"团团围裹上来。

张立吩咐三军用"藤牌"将四周团团遮住：弓矢不能射，枪弩不能进，宋军毫发无伤。完木陀赤兄弟见了十分惊慌，孟邦杰、张显带领人马从后面袭来，用"钩连枪"去钩马腿，一连钩倒数骑"连环甲马"，剩下的都自相践踏起来。金兵正乱成一团，又听得一声炮响，岳云、张宪从左边杀入；何元庆、严成方从右边杀入。通过这一仗，

"连环甲马"都被挑死了。宋军大获全胜。

金国常胜军在顺昌大败后，在郾城再度败在岳飞手下，兀术自己也差点丢了性命。他悲恸地说："我都是靠这支部队取胜，现在完了！"

郾城之战是以少击众的硬仗和恶战。金军擅长以左、右翼骑兵进行迂回侧击，而岳家军主要是用步兵和骑兵，骑兵是背嵬骑兵和游奕骑兵。这场恶战从下午两三点钟一直打到晚上七八点，金军才在黑暗来临前最后败退。

七月十三日，张宪率领背嵬军、游奕军、前军等主力入兀术所在的临颍县（今属河南漯河市），寻求和他的骑兵进行决战。双方对峙，没有交手。

将官杨再兴等三百多骑兵前哨在抵达临颍县南的小商河时，与兀术的主力骑兵猝然相遇，当时正是隆冬天气，杨再兴才出发几天，天上就下起了雪。渐渐地，杨再兴率领的这支人马，距离朱仙镇已经不远了，隐约可以看到敌人的踪迹。这时，士兵来报，说兀术率领着一批人马，正迎面往小商桥开过来。

兀术看到宋军只有屈指可数的几百人马时，不禁放了心。没想到他接连派出作战的三员猛将，都被杨再兴挑落到马下，有许多金兵吓得赶紧四散逃命。

兀术本以为很轻易地就可以击败这支小小的宋军队伍，没想到几员主将的性命在瞬间便断送了，他想再压住阵脚已经是不可能的了，面对宋军的追杀，他也只好慌忙逃命了。

杨再兴带领军兵往兀术的方向追去，为了早点抓住兀术，他就转了个弯，抄近路追去。

这时，雪越下越大，四周是一片白茫茫的世界。放眼望去，前面已经什么都分不清了。杨再兴只顾放马疾追，根本没想到脚底下竟然会是一道陷阱。小商河的河水很浅，河底满是淤泥和水草。

杨再兴一踏上河面，坐骑就越陷越深，越挣扎就越动弹不了。他这才明白，原来脚底下是一条河。

金兵很快地就发现了陷在泥坑里的杨再兴。他们围拢过来，纷纷拉弓搭箭，一齐往杨再兴身上射箭。杨再兴身上每中一箭，就随手折断箭杆，那铁箭，头留在肉中，他继续冲杀，最后马陷入泥中，不幸身亡。

兀术开始惧怕岳家军的兵力，因此他没有和张宪的岳家军主力决战，只留下了八千金兵守住临颍县，自己带领金兵主力去转攻颍昌府。

天亮之后，张宪军攻占了临颍县，八千金兵往颍昌府方向逃去。张宪找到了杨再兴的遗体，火化后，竟然烧出二升有余的铁箭头。

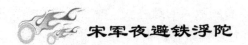

宋军夜避铁浮陀

兀术本来盼望着完木陀赤兄弟的"连环甲马"能够大破岳家军，没有想到的是，岳家军竟如此勇猛，加上岳飞的指点，自己竟然连吃败仗，兀术被岳飞破了"连环甲马"，整天闷闷不乐，这个时候，忽然有金兵来报："从黄龙府运来的'铁浮陀'在外候令。""铁浮陀"是一种威力很大的火炮。兀术听了大喜，军师听见之后也安慰道："狼主不要悲伤，'铁浮陀'已经运来，相信一定可以消灭南蛮。"兀术心想，也只能靠这宝贝了。

兀术一边暗中准备，一面暗中清点人马，准备天黑后放炮。陆文龙在一旁听见，急忙回营跟王佐商量，王佐大吃一惊："必须要赶快送信回去，叫宋军做好准备。"陆文龙道："那等会儿，我射封箭书去通知岳元帅，明早即同将军一起归宋，如何？"王佐十分高兴。趁着天色将晚，陆文龙悄悄走近宋营，高叫一声："宋军听着，我这儿有封机密箭书，赶快交给元帅！"说完，"飕"的一箭射去，随即转马回营。宋营的军士取下箭书，交给岳飞。岳飞拆开一看，吃了一惊，急忙吩咐岳云、张宪领着兵马去埋伏；又急令诸将分头通知各位元帅，将营帐旗帜全部留在原地，所有人马一齐退往凤凰山中躲避起来。

到了二更时分，兀术传下号令，将"铁浮陀"一齐推到宋营前，放出轰天大炮，向宋营中打来。

好在有人暗中通知，才有幸避免这场损失，金人以为南宋的士兵还在营帐，于是恶狠狠地展开了攻击，霎时间，宋营里烟火腾空，炮弹所到之处，片瓦无存。当时众位元帅在凤凰山上看见这般光景，不禁感叹道："若不是陆文龙一封箭书，宋营的人马岂不要被打成齑粉？也亏了王佐愿失一条臂膀，救了六七十万人马的性命！"

金兵见宋营已成一片齑粉，以为宋军早已全军覆没，便把"铁浮陀"留在原地，然后欢欢喜喜回营向兀术表功去了。埋伏在半路的岳云、张宪见金兵全部回了营，便趁着黑暗，领人把火炮的火门都钉死，又令军士一齐动手，将"铁浮陀"全部推入小商河内，转马回凤凰山缴令。岳飞仍命三军回到原处，重新扎好营盘。

当晚，陆文龙同其奶娘悄悄地随王佐出营，去投奔宋军。大家都来感谢王佐、陆文龙活命之恩。陆文龙对岳飞道："小侄不孝，错认仇人为父！若不是王恩公说明，怎么认祖归宗！"岳飞不但没有怪罪于他，反而嘉奖了他一番，一面吩咐送陆文龙到后帐居住，拨二十名家丁服侍，一面派人送奶娘回到陆文龙的家乡居住。

郾城－颍昌大决战，自七月八日开始至十八日收尾，历时十一天。金军由其军事统帅兀术亲自指挥督战，可以调动各方人马，在兵力上超过岳家军两至三倍，战马、械甲也远胜岳家军，而且还有内线作战的有利条件；但岳飞指挥得当，料敌如神，将校用命，士气激奋，虽然无友军之配合，仍能每战必胜，击败金军十余万人马的轮番反扑，歼金军近两万之众。岳飞不愧为无敌的统帅，岳家军不愧是所向披靡的劲旅。

这时候的岳飞信心满怀，他决定向朱仙镇进军。朱仙镇位在东京西南的四十五里地。兀术得知岳飞向朱仙镇挺进，赶忙集结部队，准备与岳家军对垒。

两军开战的时候，岳飞命骁将率五百背嵬军先出阵，谁知刚打了第一个回合，金军大部队就惊慌溃逃，奔回东京。

经过几次较量，金军无不败北，实难抵挡岳家军勇猛无比的攻势了。他们惊呼：“撼山易，撼岳家军难！”

雄心勃勃，一心想以武力吞并南宋的兀术，是金军将帅中最善用兵的统帅，他也哀叹道：“自我起兵北方以来，未有如今日之挫衄！”金帅乌陵思谋向来以治军阴险狡猾著称，如今他生怕部队散走，或士兵自己投奔岳家军，不得不顺着军心欺骗说：“毋轻动，俟岳家军来即降！”

这时，金统制官王镇，统领崔庆，将官李觊、崔虎、华旺，甚至禁卫龙虎大王的部将高勇及张仔、杨进等，都从河北渡河，千里来投奔岳飞。大将韩常也暗自派人至岳飞帐中，表示愿率部归附岳飞，岳飞非常高兴，并派贾兴示复。兀术见形势日蹙，准备弃东京北还。收复东京，指日可待。岳飞十分兴奋，对部下激动地说：“直捣黄龙府，与诸君痛饮耳！”

十二金牌召岳飞

朱仙镇大败的消息再次传来，兀术欲哭无泪，面对着自己的兵马死的死，降的降，兀术悲痛万分，而在黄河北岸的大平原上，传遍了郾城－颍昌大捷、朱仙镇大捷的好消息。金占区的父老百姓牵牛挽车运送干粮、粟谷给敌后的义军，还在大路边引颈眺望岳家军的到来。兀术感叹道："我自进中原以来，所到之处，望风瓦解。不想自从遇着这岳南蛮，六十万人马被他杀得只剩五六千人！我如今还有何面目回去见老狼主，倒不如自尽了罢！"说完之后当真拔出自己的利剑，就要自刎，这时候恰巧金兀术的军师哈迷蚩走了过来，他劝说道："狼主，胜败乃兵家常事，不如暂且回国，再整人马，杀进中原，也不为晚。"兀术想了想觉得是这个道理，于是收起了宝剑，恶狠狠地念着岳飞的名字，回到营帐中去。

面对金占区的父老百姓的行为，金方官吏睁一只眼闭一只眼，无可奈何。聚保山寨抗金的两河忠义民兵，更是闻风响应。梁兴派人送信至岳飞军帐中，说："河北忠义四十余万，皆已'岳'字号旗帜，愿公早渡河！"军事上的胜利，民心的向往，使岳飞极受鼓舞。

这时，兀术陷于窘境之中，日益感到东京难保。他已打算夜弃汴京北撤，军师哈迷蚩献计道："太子不要悲伤！京城可守也！岳少保且退矣！"兀术感到奇怪，忙问："岳少保以五百骑破吾精兵十万，京师中外日夜望其来，何谓可守？"军师自信地说："不然，自古未有权臣在内，而大将能立功于外者！以愚观之，岳少保祸且不免，况欲成功乎？"兀术听了他意味深长的谏议，顿时有所感悟，于是暂留不动。

军师献的什么计谋呢？原来军师告诉兀术："现在秦桧高居相位，我们又何必畏惧岳飞！狼主暂且在这儿安营。只要臣能够找到秦桧，要他找个机会，害了岳飞，何愁得不了宋朝天下？"兀术大喜，当即取过笔砚，写了封信，外用黄蜡包裹，做成一个蜡丸，递与哈迷蚩，叮嘱他进入中原后，一定要小心。哈迷蚩遂将蜡丸藏好，辞别了兀术，扮成客商的模样，悄悄地往临安而去。

实际上哈迷蚩说的不无道理，当时，尽管岳飞节节胜利，捷报屡奏朝廷，但高宗、秦桧反而加速逼迫岳飞班师。高宗与秦桧在屈膝求和的动机上虽然不同，但是政治立场却是相同的。就高宗来说，对金人始终深怀恐惧，消极情绪一直支配着他，扬州的惊慌渡江，明州的下海逃窜，他记忆犹新，惊魂未定。他对现有的军事力量和各大将部属的作战能力也估计不足，所以即便在军事上每每胜利的情况下，高宗仍深恐万一有失，重现扬州、明州的往事，为此屡诏岳飞不要逾度。高宗此次诏谕岳飞北伐，其目的本来也只希望岳飞在陈、蔡以南打几个胜仗，以迫使金人重开和议，如今目的既已达到，岂能冒险深入？

其次，高宗对诸大将疑忌之心太重，唯恐大将们在北伐中增重威望，扩大权力，将来造成挟重兵以干朝政，甚至重蹈五代藩镇割据篡权的覆辙。因此，他千方百计地要驾驭他们，宁可置大片失地于不顾，宁可偏安于江南一隅，也要限制大将们的权力。

此次李若虚前去宣诏，高宗已经感到岳飞不尊重朝廷，心怀不满。如果再不收兵，岳飞一旦打过了黄河，威信势必更高，实力更强，这对于高宗来说是一个威胁。

第三，高宗也可能从中原民心的向往、岳家军战斗力之旺盛，估计到有可能挥师渡河，直指燕云。但权衡得失，感到进一步的胜利，必然增加钦宗回来的可能性，如果迎回钦宗，那么对自己将会十分不利。

秦桧向来善于逢迎，深得高宗宠信，在朝中有一手遮天的权力，得意之情自不必说。最为重要的是秦桧了解高宗复杂的内心世界，他知道高宗惧怕金人，一心想要求和，即使在金人败盟之后，他仍敢力主和议。他靠主和而得宠居相位，一旦失去和议的形势，他就可能失去一切，甚至身家性命也难保。如今宋军在军事上的捷报频传，对他的既得利益无疑是严重威胁。秦桧的心腹之患是岳飞，因为岳飞抗金最为坚决，反对和议最为激烈，在战场上，又是岳飞取胜最多，军功最为显著。如果这个时候不进行制约，宋军将进一步取得优势，到那时，后果将难以设想。为此，秦桧想方设法要使诸大将失利，尤其要使锐不可当、金军闻之丧胆的岳家军失利。

秦桧当了宰相之后，生活也更加奢侈，其妻更是觉得丈夫是自己的骄傲，生活上也更加铺张了，她叫工匠造了艘游船，常和秦桧在西湖上游玩。哈迷蚩换装潜入了临安后，听说秦桧同夫人王氏正在西湖上游玩，就来到西湖边。秦桧的游船泊在西湖的苏堤边，夫妇二人正在船上对坐饮酒，赏玩景致。哈迷蚩见了，就走过去故意高声叫道："卖蜡丸，卖蜡丸！"

王氏无意中往岸上看了一眼，见是哈迷蚩，赶忙低声告诉秦桧。秦桧忙吩咐家人将那卖蜡丸的叫到船上来。家人领命，走到船头上，将那卖蜡丸的人领到船上。秦桧问道："你的蜡丸可医得了我的心病？"哈迷蚩道："我这蜡丸专治心病，但要早医，迟了恐怕无效。"说完将蜡丸递上。秦桧会意，赏了他十两银子，哈迷蚩谢赏而去。

秦桧回府，将蜡丸剖开来一看，里面藏的是兀术的亲笔书信，信中写着"秦桧负盟，以致我被岳飞杀得大败。现命你设法谋害岳飞，等我大金得了宋朝天下，情愿与你平分疆土"等语。秦桧看完，与王氏密谋，王氏道："相公官居宰辅，职掌群僚，这点小事有何难办？岳飞若灭了金国，功高无比，知道我们暗通金国，到时我们一家性命难保。为今之计，不如拖欠粮草，先召他回朱仙镇养马，然后设计害他父子，岂不更好？"秦桧听了，连连点头。

当时南宋战场的形势是：西线，吴璘取守势；东线，韩世忠在淮东，未能紧密配合岳飞军的中线突入，但能起到遥相呼应、牵制金军兵力的作用；中线是主要战场，有三大将坐镇，即岳飞、刘錡、张俊。

于是秦桧便前去拜见高宗，说：虽然我们现在打了胜仗，但是金国兵力强大，如果惹恼了金主，以后必定不会有好日子过，议和才是长远之计啊。高宗听了之后十分赞同，于是高宗与秦桧便从韩世忠、张俊、刘錡三大将的布防上打主意了。他们命吏部侍郎周纲至韩世忠军，传达稳住淮东的旨意，即不准韩部继续前进。

其次，将顺昌之捷中卓有贡献的守臣陈规，调任知庐州，守淮西。秦桧还将刘錡调往江南的太平州。"（刘）錡方欲进兵乘敌虚，而桧召錡还。"

接着，命张俊从亳州引兵还寿春，退至淮河以南。以上的军事调动，必然造成岳飞军在东京西面、南面孤立突出的态势。高宗认为这就能逼使岳飞奉诏退师。秦桧认为非但岳飞不得不退师，而且有可能陷入金军的包围，这样他就可以借金人之手，消灭岳家军，雪自己心头之恨！金军自然很快注意到了南宋朝廷的军事调动，立即做出了反应。于是兀术集中全部兵力达十二万，插进岳飞统帅部所在地的郾城和岳家军重兵集结地颍昌之间的临颍，企图把岳家军中间分割，分头消灭岳家军。

然而，岳家军"孤军一军，独与决战"，不但没有被打败，反而将金军打得大败。沉重打击岳飞的阴谋未能得逞，秦桧只好降格以求，想方设法迫使岳家军退兵了。秦桧串通了张俊、杨沂中，并唆使谏官罗振向高宗上了一个奏本，奏中说："兵微将少，民困国乏，岳某若深入，岂不危也！愿陛下降诏，且令班师！"

张俊是善观朝廷风向的，杨沂中是高宗的心腹之将，可想而知，他们是附议罗振的主张的，而且高宗本意就是稍胜而退师，以迫金人重归于和。因此这道奏章一上，高宗立即下诏命岳飞措置班师。岳飞收到班师诏，正是郾城-颍昌战役以后，准备直捣东京的时候。岳飞禁不住怒火中烧，于绍兴十年七月十八日，刻不容缓地向高宗上了一道"言辞激切"的《乞止班师诏奏略》：金虏重兵尽聚东京，屡经败衄，锐气沮丧，内外震骇。闻之谍者，虏欲弃其辎重，疾走渡河。况今豪杰向风，士卒用命，天时人事，强弱已见。功及垂成，时不再来，机难轻失！

　　高宗收到岳飞这一封强烈反对班师的奏章，十分恼怒。但考虑到岳飞远在数千里之外的前线，为防止意外，必须克制一下，他给岳飞下了一道语气婉转的御札："卿且少驻近便得地利处"，同时严格限制岳飞不得单独进军，除非：一、经过与杨沂中、刘锜"同共相度（共同商量）"；二、要"有机会可乘"；三、"约期并进"，才可以行动。这三个条件，就是逼迫岳飞完全停止军事进攻。然而，这封信还没有到达郾城前线，岳飞已挥师向朱仙镇进军了。

　　几乎与岳飞进军朱仙镇同时，或者更早几天，从临安凤凰山皇宫中，接连发出十二道金牌。李心传《建炎以来朝野杂记》乙集卷九《金字牌》中说："（金字牌）日行四百余里""近岁邮置之最速者"。红漆金字的木牌油亮炫目，"过如飞电"。行人望见骑着快马传送金字牌的"急脚递"，闪避犹恐不及。这十二道金牌，皆由高宗皇帝亲自签发，从临安至朱仙镇长达二千一百多里路，以日行四百余里的最快速度，驰送岳飞幕府。金字牌的内容是："飞孤军不可久留，令班师赴阙奏事。"

　　再说岳飞自从在金牛岭打了胜仗，便在山下养兵息马，从各处调集粮草，准备趁兀术溃败之际，直捣黄龙府。一天，四位元帅正在猜测粮草久候不至的原因，忽然听到有圣旨到。朝廷命岳飞班师，暂回朱仙镇养马，等秋天粮足了，再讨论发兵北伐的事。

　　钦差走后，元帅们面面相觑，韩世忠尤其激动："现在成功在即，而皇上不仅不发兵粮，反而召元帅回朱仙镇！这必定是奸臣诡计，元帅千万不可轻易回兵。"岳飞道："自古君命难违，不可贪功，逆了旨意。"刘錡劝道："'将在外，君命有所不受'。元帅不如一面催粮，一面发兵，直捣黄龙府，将功折罪，岂不更好？"岳飞叹道："众位元帅有所不知，我因枪挑小梁王，逃命归乡，正值年荒岁乱，盗贼四起，洞庭湖杨幺派了王佐来聘我，我母亲怕我一时失足，在我背上刺了'精忠报国'四个大字，故而我一生只图尽忠于皇上和朝廷，哪管他奸臣弄权！"

岳飞虽不听众人劝告，心里却明白是奸臣心怀不善，便命岳云与张宪先回家乡，又修书一封，推荐张宪到濠梁做总兵。岳飞正准备给王横安排去处，但王横誓死要留下来跟随岳飞，岳飞只得罢了。

岳飞觉得自己对不起东京那些日夜盼望岳家军前来收复的父老兄弟，临走之前他朝着东方揖手拜道："十年之功，废于一旦！"岳飞班师，中原父老百姓大失所望。

回师的时候路过蔡州，各界百姓组成的数百名代表出来挽留，都拦阻在岳飞的马前，哭诉道："我们戴香盆、运粮草来迎接你们，金人都已经知道了。现在岳将军您要是走了，我们该怎么办啊！金人一定会对我们痛下杀手的！"岳飞把朝廷诏书摆在桌子上说："皇帝已经下了诏书了，岳飞不能违抗圣命啊！"

蔡州人民备遭金军往来烧杀掳掠的痛苦，不愿做亡国奴，一定要跟岳家军走。岳飞思想激烈地斗争着：大军不能留下不走，人民的苦难又不能漠视不顾。他决定把愿意南下的老百姓安置在襄汉六郡。这消息一宣布，蔡州父老百姓欢欣鼓舞，南下的人群，络绎不绝，挤满道路。岳飞为了保护群众往襄汉搬迁，在蔡州停留了五天。岳飞，这位战无不胜、坚不可摧的勇士和战神，这位南宋国家梦想的执行者，也只能给中原大地留下一个伤感而孤独的背影，迫于形势他只得带着自己的军队，朝着相反的方向走了。

岳飞班师之后，金兀术乘机再次抢占了已经收复的京西大片土地，当时，被扣在金国的宋使洪皓，写信给母亲说："及顺昌之败，岳帅之来，此间震恐。未几而岳帅军回，吴璘兵大败，河南、关西故地，一朝复（为金）尽得。"（洪皓《鄱阳集·拾遗》）这是看得到的直接损失。

当时痛骂高宗和秦桧的声音不绝于耳，但是高宗和秦桧不但没有羞耻之感，反而觉得他们做的是一件挽救百姓的大事，正是他们的议和政策才消除了金兀术的愤怒，因此金人才没有派大量的兵力来收复中原，可见这两个人是多么的怯懦和无耻啊！

再援淮西

岳家军的撤退，使收复的失地再次丧失。金军又趾高气扬起来，夺地攻城，咄咄逼人，孔彦舟轻易地就攻取了郑州、登封、汝州、淮宁、颍昌、郾城等地；金人把宋淮北宣抚副使杨沂中五千骑兵打得落花流水，杨沂中等部也支撑不住，相继撤回原防区，收复中原的大好形势被彻底葬送了。

河北的义军也被置于重重围困之中，张贵领导的泰安忠义民兵和王忠植领导的陕西忠义民兵先后被金军消灭，李宝、梁兴、赵云等著名义军首领也难以继续坚持，在袭击几次金兵之后，不得不冲出金朝统治区，回到江淮宋军大营。

事到如今，岳飞总算看透了高宗、秦桧，只要他们当朝，休想伸展收还故疆的平生大志。

岳飞越想越气，于途中上章要求解除兵权，并不等皇帝批复，折往九江，又到庐山母亲墓地守丧去了。

岳飞在往临安的途中走了大半路程，才接到高宋的一道手诏。高宗不准岳飞辞职，仍然命他回朝。岳飞明白了高宗是绝对不愿看到自己北伐成功的。他单独完成北伐的希望彻底毁灭了。抵达临安后，他不再有任何的表示，只是竭力地请求解除军务，并恳求辞去少保的虚衔。高宗对岳飞这次擅自离职上庐山更加疑忌，岳飞对高宗的言行不一、姑息纵敌的行径，也非常气愤。高宗和岳飞之间的裂痕越来越大，但是高宗怕会再有战事发生，因此还不敢轻易地削夺岳飞的兵权。

面对金人来势汹汹的攻击，高宗不得不再次召见岳飞，高宗一心指望的是"挡"，把金人挡在长江以北；岳飞想的是"灭"，把南侵金军消灭，收复故疆，以解国家根本之危。因此，岳飞的方略，远不是"头痛医头，脚痛医脚"的消极防御。他向高宗指出，东向进援九江，必为敌人所料，而出奇制胜用兵方案有二：一是长驱京、洛，捣虚端巢，使敌疲于奔命，稳操胜券；二是自蕲、黄深入，绕敌背后，与淮西军南北合击，把兀术军围歼于江、淮之间。

第一个方案，高宗自然不会采纳。第二个方案，差强人意，高宗采纳了。绍兴十一年二月九日，岳飞得到高宗手诏，同意他自蕲、黄出兵。岳飞下达了准备出发的命令，部队花了两三天时间，做了紧张的准备，十一日，他不顾身患寒嗽病（感冒之类），挥师出征，进援淮西战场。为此，高宗特发信嘉奖：得卿九日奏，已择定十一日起发，往蕲、黄、舒州界。闻卿见（现）苦寒嗽，乃能勉为朕行，国尔（而）忘身，谁如卿者？（《金佗稡编》卷三《高宗皇帝宸翰》，绍兴十一年《援淮西一十五诏》）

自武昌至舒州，一千余里。在岳飞赶临之前，刘錡的"八字军"和杨沂中、王德所率部队共八万人马已会合，在合肥东南、巢县北面的柘皋镇，打败了十万金军，收复合肥。

张俊是个善于奉承拍马、嫉妒贤能、利禄熏心之徒。一方面，他和高宗的爱将殿前都指挥使杨沂中结为心腹，想借杨沂中之力进一步

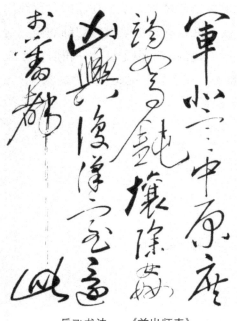

岳飞书法——《前出师表》

得宠于高宗。另一面，忌妒后起之秀刘锜，在这次柘皋大战中，不给刘锜报功，把战功全归于他自己和杨沂中两人。而且，害怕武将权大的高宗，明令三大将互不受节制，张俊却摆资格，竟召集杨沂中、刘锜商议军事。张俊叫刘锜率"八字军"回太平州，自己和杨沂中一同到濠州（今安徽凤阳附近）去"耀兵淮上"，即去耀武扬威一番。谁知刚出发不久，谍报说金军围攻濠州很急，张俊一听，立即吓得"茫然失色"，慌忙又叫刘锜回来壮胆，又合军去解濠州之围。三军进至离濠州六十里的黄连埠，濠州已经陷落。不久，逻卒报告说："金兵已全部退出濠州。"张俊不辨真假，忙派人通知刘锜，"已不须太尉（指刘锜）人去"，叫刘锜先回当涂（太平州）。他和杨沂中继续前往濠州去耀武扬威。杨沂中和张俊的部将王德在四更时离开黄连埠，中午赶到了濠州城西，立阵未定，濠州城楼上突然升起乌黑的烽烟，霎时间，尘土飞扬，喊声震天，金军埋伏的一万骑兵，分两翼包抄过来。杨沂中失去镇静，慌慌张张地挥动令旗，刚开口说："那回……"部将一听以为是命令撤回，掉转马头就奔，几万人马像决堤的洪水，一溃不可收拾，被金军骑兵杀得尸横遍野。杨沂中从临安府带来的三万禁卫军，几乎全部成了淮河边上的白骨。杨沂中又一次当了逃兵。

　　岳飞接到濠州告急的军情就马不停蹄地赶往濠州。金军知道岳家军前来援助的消息之后，立即不战而逃。岳飞这次援淮西，结束的时间是绍兴十一年（1141年）暮春三月。令岳飞没有想到的是，这竟然是自己最后一次带兵打仗了，满腔的爱国热情化为了一片冰雨，曾经以为高宗对自己有知遇之恩，一定要誓死报答；但是没有想到的是，这个怯懦的皇帝北伐的计划只是欺骗百姓的一个幌子，他一再听信小人的谗言，屈膝求和，丧失自己的尊严，还将自己推入了无尽的深渊。

秦桧主和

我们回顾一下历史。南宋宋高宗即位后，金人彻底消灭赵姓政权的计划失败了。于是，金人用刘豫来对抗南宋。金人一面拥立刘豫，一面试探着与南宋进行和议。这时，秦桧被金国放回来。

南宋这里，宋高宗很怕金人，很早就想议和了。一开始他不信李纲、宗泽，而用黄潜善、汪伯彦，就是不想打仗。南宋建炎元年，他派遣使者赴金，名为请还二帝，实际上是乞和休兵。可刘豫这个傀儡，他与宋朝势不两立。有他在中间作梗，宋金也不能议和。

金人废了刘豫之后，可以直接与宋议和了。金人一直占有主动权：打，他能胜；和不和，也要他说了算。

这个时候，起关键作用的秦桧对宋高宗说："不和，则您的生母韦后就不能回来，再说，金人还想再立宋钦宗呢。"

不议和就要再次交战，高宗早就厌倦了东奔西跑的日子，并且他对于自己的国家的军队没有足够的信心，作为一个皇帝好歹也是万人之上，如果自己不议和，那么金人可能再次立宋钦宗为皇帝，自己的皇帝地位本来就名不正言不顺。想到这里，高宗下决心准备议和。

南宋这里，秦桧好不容易要和谈了，可北边金人那里又出事了。兀术毁约出兵。刘錡顺昌大捷，又打败了兀术，还激发了民心，秦桧立即奏令刘錡择日班师。岳飞郾城大捷后，朝廷也派人去让他别轻举妄动。岳飞不听，带兵深入。兀术主战失败，锐气大挫后，又想重新议和了。但如果兀术取胜，那么秦桧所希望的和局也就不能形成。议和，对南宋国家是个屈辱，但对宋高宗个人是划得来的。在宋高宗赵构心中，金人侵略是不可抗拒的，他们太可怕了；同时，自己的武将屡立战功，威望过高，也很可怕。一旦他们专横跋扈，无法驾驭，如此乱世，军人拥兵自重，如何了得？

韩世忠、张俊、岳飞三员大将，兵力不容小觑。岳飞这一次带兵挺进中原，更是无人威望能在他之上。

对于以赵构、秦桧为君为相的南宋政权来说，金国兵力强盛，只要金国有所需求，南宋自然是应当奉上的。为了能够早日将南宋变为自己的附属国，兀术不断地遣使者送信，在信中兀术的意思是说，现在是一个改过自新的好时机，只要南宋愿意投降，那么金国将不计前嫌，接受南宋的屈膝求和。

这个时候的秦桧已经在朝廷之中占了一席地位了，他的话越来越具有"意义"了，并且金国这次招降，对于这种小人来说有利而无害，"敷陈画一"就是指令赵构、秦桧自行提出一个投降方案，亦即南宋政权究竟肯付出多大代价，让新委派的交涉人员携带前去，这就具有更大的诱惑力了。并且也使赵构和秦桧感到金国这次确实有招降的意图。

于是秦桧开始不断地怂恿高宗议和，高宗本就是一个胆小怕事的人，虽然岳飞的军队已经连创大捷，但是他还是决定要议和，于是在十月中旬，赵构、秦桧又派遣了官位较高的魏良臣和王公亮二人，以"禀议使"的名义，带了赵构的书信到兀术的军营中去，他们希望兀术不要再次发兵，所有的议和条款都由金人说了算。答书的主要部分是："刘光远、曹勋等回，特承惠示书翰，不胜欣感。窃自念昨蒙上国皇帝割赐河南之地，德厚恩深，莫可伦拟；而愚识浅虑，处事乖错，自贻罪戾，虽悔何及。今者太保、左丞相、侍中、都元帅、领省国公奉命征讨，敝邑恐惧，不知所图，乃蒙仁慈先遣莫将、韩恕明以见告；今又按甲顿兵，发回刘光远、曹勋，惠书之外，将以币帛。仰念宽贷未忍弃绝之意，益深惭荷。今再遣左正议大夫、尚书吏部侍郎、文安郡开国侯、食邑一千户魏良臣，保信军承宣使、知阁门事、兼客省四方馆事、武功县开国伯、食邑七百户王公亮充禀议使、副。伏蒙训谕，令'敷陈画一'，窃唯上令下从，乃分之常，岂敢辄有指述，重蹈僭越之罪！专令良臣等听取钧诲，顾力可遵禀者，敢不罄竭以答再造！仰祈钧慈特赐教奏：乞先敛士兵，许敝邑遣使拜表阙下，恭听圣训。"

软弱的赵构表示，只要金国愿意招降，那么一切都听从金国的安排，而事实上，他却已经和秦桧商定了在卖国卖民方面所愿意承担的幅度，例如，要求以淮水为宋、金两国的分界线，并提议每岁向金朝贡纳银二十五万两、绢二十五万匹，等等，全都要由禀议使当面向金兀术商洽。之所以要这样，是因为害怕如果自己将条款一一明确写出，如果不能满足金人的欲望，还可以进行修改，以免难堪。及至魏良臣、王公亮向兀术递交了赵构的书信，并口头转述了割土地、纳岁币诸具体事项之后，竟果如所料，和兀术的欲望还有很大的差距，特别是在划淮水为界这一点上。后经魏良臣等再三叩头，苦苦哀求，才终于获得了兀术的允诺。

兀术于十一月七日写了回信给赵构，并派遣萧毅、邢具瞻奉使南宋，商议具体的条款事项，回信的主要内容是："近魏良臣至，伏辱惠书，语意殷勤，自讼前失。今则唯命是听，良见高怀。昨离阙时，亲奉圣训，许以便宜从事，故可与阁下成就此计也。本拟上自襄江，下至于海以为界，重念江南凋敝日久，如不得淮南相为表里之资，恐不能国。兼来使再三叩头，哀求甚切，于情可怜，遂以淮水为界。西有唐、邓二州，以地势观之亦是淮北，不在所割之数。来使云岁贡银绢二十五万匹两，既能尽以小事大之礼，货利又何足道，止以所乞为定。淮北、京西、陕西、河东、河北自来流寓在南者，愿归则听之。理虽未安，亦从所乞。外有燕以北逋逃，及因兵火隔绝之人，并请早为起发。今遣昭武大将军、行台尚书户部兼工部侍郎'兼左司郎中、上轻车都尉、兰陵县开国伯、食邑七百户萧毅、中宪大夫、充翰林待制同知制诰、兼右谏议大夫、河间县开国子、食邑五百户邢具瞻等奉使江南，审定可否。其间有不可尽言者，一一口授，惟阁下详之。既盟之后，即当闻于朝廷。其如封建大赐，又何疑焉。"

高宗收到回信之后欣喜若狂，为此秦桧特意撰写了一个《誓表》交由金人，表示誓死投降，兀术看到之后特别得意，之后，又隆重地告祭了天地、宗庙、社稷，但是如何将这次"议和"的成功告知南宋境内的全部官吏和军民，成了一个重大的问题。

因为，在两年之前，由女真军事贵族挞懒发动和包办的，归还河南、陕西之地给予宋方的那次议和，南宋王朝于"和约"订立之后所发布的《曲赦新复州县》的《赦文》说：上穹开悔祸之期，大金报许和之约。割河南之境土，归我舆图，戢宇内之干戈，用全民命。

女真的军事贵族们看到之后，认为他们夸大了上天而贬低了他们，因此十分不乐意，南宋的官员倒是没有考虑百姓是否能够接受这一议和，首先考虑还是如何博得女真贵族们的欢心。

因此，秦桧特地选定他的儿子秦嬉和党羽程克俊在他亲自指导下撰写了这篇文告，说道："上穹悔祸，副生灵愿治之心；大国行仁，遂予道事亲之孝。可谓非常之盛事，敢忘莫报之深恩。而况申遣使轺，许敦盟好；来存殁者万余里，慰契阔者十六年。礼备送终，天启固陵之吉壤；志伸就养，日承长乐之慈颜。"

金朝的当权人看了之后，十分满意，但是这个时候岳飞又站了出来，一些爱国志士的呼声也越来越高，他们反对议和。岳飞眼见自己和将士们创下了一个又一个的奇迹，战士们在前线奋勇杀敌，换来的却还是议和，于是岳飞开始上书高宗，这引起了金人的巨大不满，于是金人再次提出了一个要求，要想成功议和，就必须先除掉岳飞。

千古绝唱

岳飞虽然是岳家军的首领，但是毕竟还是一个武官，受制于秦桧之下，这时候，金人选择了从秦桧入手，要求秦桧除掉岳飞。

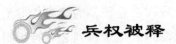 **兵权被释**

金人对于秦桧的信任，让秦桧很是兴奋，岳飞一直比较抵触自己，于是他想，如果一个武将没有兵权该是怎样的？他并不满足于破坏北伐战争，只要岳飞还在，就可能有下一次的北伐，因此怎样除去岳飞才是令他头疼的问题。

心腹范同给秦桧献计说："这三路宣抚使都久握重兵，难以驾驭。不如就借口论功行赏，把他们都调入朝廷，改任枢密使和副使，看起来是升官了，其实是解除了他们的兵权，岂不是一举两得！"这正中秦桧下怀。

他抓住宋高宗担心武将兵权压主的心理，建议削夺在外大帅的兵权。他认为张俊可以为自己所用，便与张俊串通一气，一唱一和，演出一场削除韩、岳兵权的闹剧。

他向宋高宗进言："现在各路军马只知有将军，不知有皇上，韩家军、岳家军的名称就是证明，如不及早采取措施，恐怕会有祸患。"高宗听了之后赞同不已。

在征得高宗的同意后，他以三省枢密院的名义召韩世忠、张俊、岳飞到临安朝见皇上。但是，自从做出了这一决定后，秦桧每天都寝食难安。

万一这三名大将看穿了朝廷的真实用意，团结在一起，不肯交出兵权，那该怎么办？不仅是秦桧，还有参与此次谋划的王次翁、范同等人，全都惴惴不安。

张俊、韩世忠的军营离临安比较近，他们很快就到达了。

岳飞在鄂州的军营中，收到圣旨的时间已经很晚，不可能和他们同时到达。秦桧担心岳飞抗旨不来，简直是心力交瘁。一周之后，岳飞终于抵达了临安。

秦桧亲自迎接，大摆筵席，努力摆出最高兴的姿态，盛情招待这三名功勋卓著的大将。绍兴十一年（1141年）四月十一日，高宗亲自接待了三个人。高宗一面在西湖设宴款待岳飞、韩世忠和张俊三名大帅，一面连夜起草制词，任韩世忠和张俊为枢密使，岳飞为枢密副使，明升暗降，留朝任职。宋朝历史上的第二次"杯酒释兵权"发生了。

宋高宗还特地安抚三人："以前让你们做宣抚使，职权太小了，现在让你们任职于枢密府，是信任你们。"

他又向原来隶属于三个宣抚使的军队发出诏书，安抚将士。被没收军权后，三名大将的态度各有不同。年过五旬的韩世忠自从交出军权之后，就不理军务了。身为朝廷命官，他每天身着奇装异服出入衙门。

跟秦桧情投意合的张俊，表现得更为恭顺。调任枢密使的诏书一发布，他就上了一道奏章，谦卑地说道："我现在只是管理军马，十分希望能够到朝廷去，为国家效命。"

岳飞早已经提出过辞呈，但是，他没有料到朝廷竟然会采取这样的措施，于是，他请求朝廷将自己带来的亲兵遣回鄂州，只留下少量人马。高宗立刻答应了，并让岳飞和张俊重返军营并派他们到楚州视察韩世忠的军队，准备将韩世忠的军队分到他们两个人的麾下。

张俊这个人的作风不正，不得人心，韩世忠手下的人一度要刺杀张俊。一起前去韩营的岳飞和张俊，个性也十分不合。张俊暗地里和

千古绝唱

秦桧早有约定，等罢免了众将的兵权后，再由张俊掌兵权，所以他是最先交出所管辖的军马的。

淮东、淮西、京湖三宣抚司紧接着被撤销了。此后，三处兵马直接听候三省枢密院取旨调发。

王贵接替岳飞，担任鄂州驻扎御前诸军都统制，张宪任副都统制，负责指挥岳家军。宋廷对他们不放心，特别任命秦桧的党羽林大声担任总领，进行监视。

刘锜也被罢免了军职，出任荆南知府，岳飞爱惜他是个人才，奏请留他掌兵，高宗也拒绝了。

高宗在给三大帅的制诏中，说尽了许多冠冕堂皇的好话，但是，一场更为狠毒的政治阴谋，却正在加紧筹划当中。

从此，南宋的兵权就掌握在秦桧和张俊的手中，他们继续策划阴谋，谋害岳飞，瓦解岳家军。

当初金军被岳家军打得狼狈不堪，兀术就把岳飞视为心腹大患，他深切地感觉到只有除掉岳飞，吞并大宋的目的才能实现。当岳飞率部安全撤回鄂州后，兀术便给秦桧写信，让秦桧想方设法除掉岳飞。在信中兀术狠毒地说："必须除掉岳飞，才有议和的希望。"

秦桧接到兀术的指令后，便不遗余力地贯彻执行。他计划先借岳飞之手除掉韩世忠，然后再处死岳飞。他知道，韩世忠与岳飞之间也有摩擦，韩世忠对岳飞年纪轻轻就登上大帅的宝座，并且有凌驾于自己之上的势头心存不满，且时有流露。秦桧估计岳飞对韩世忠也会怀恨在心，于是便设一个圈套引诱岳飞对韩世忠进行报复。

绍兴十一年（1141年）五月中旬，也就是在韩、岳解除兵权之后半月内，秦桧便与宋高宗一起策划瓦解韩世忠旧部的计划。密谋之后，宋高宗派张俊和岳飞二位枢密院长官前往淮东，任务是安排战守的工作。派张俊去淮东的行动本身就是要剥夺韩世忠的兵权。为了瓦解韩世忠的旧部，秦桧又策划了一个阴谋，他密令胡纺诬告韩世忠的亲信大将耿著，说耿著曾散布流言："张俊、岳飞这次来淮东，目的是瓦解韩家军。"企图蛊惑韩部众将，图谋叛变。秦桧接到诬告后，立即下令逮捕耿著，用酷刑逼供，给韩世忠罗织罪名。

岳飞是一个少壮派将军，受到高宗的赏识，令人嫉妒。岳飞曾经在缴获湖湘起义军杨幺的楼船之后，将两艘楼船装扮了一番，分别送给韩世忠、张俊两人。当时韩世忠很高兴，但张俊却认为岳飞是在向他炫耀，于是满腹怨气，两个人之间是有隔阂的。张俊和岳飞到达楚州之后，看到楚州的城墙有些破败了，张俊就提议，应该把城墙修好，以便防守。岳飞心中不同意，但也没有说什么。

张俊偏又再三询问岳飞的意见，岳飞就生气地回答："修筑城池就是为防守和撤退做准备，这还怎么激励将士呢？逃跑是不需要教的，逃跑也不需要技术！"张俊听了，脸色顿时难看起来。张俊迁怒于身边的两名士兵，强加给他们一个罪名，下令将他们斩首。

岳飞见状慌忙劝阻，但是张俊不听，斩杀了那两名无辜的士兵。

回到临安后，张俊添油加醋、颠倒黑白地在朝廷内外到处声张歪曲岳飞的话，对他大肆诽谤。

张俊说："岳飞在楚州当众宣告，楚州根本守不住，建楚州城又有什么用！"

此时，韩世忠原来的一名部下给宋高宗递上奏章，说不能分解韩家军。

秦桧抓住这一把柄，诬告他蛊惑人心、造谣生事，随后将他押捕在大理寺。秦桧的真正目的，是要把这一案件扩大，从而株连蔓延，最后达到惩治韩世忠的目的。

岳飞得知后立刻告知韩世忠，韩世忠赶到高宗面前，解释清楚事情的原委，才逃过了一劫。

秦桧等人收拾韩家军的阴谋没能得逞，对岳飞的怨愤达到解顶峰。于是，秦桧及其党羽把矛头转向了岳飞。

秦桧想利用岳飞陷害韩世忠的阴谋没有得逞，便开始分解他的军队。张俊主张把韩世忠的部队完全分解，遭到岳飞的反对。岳飞对张俊说："现在能守卫疆土的大帅已经不当地给官兵留下一个不思进取的形象。"

右谏议大夫万俟卨上书弹劾岳飞，说岳飞"身居高官，扬扬得意，日渐颓废"，还说他"沮丧士气，动摇民心"，建议宋高宗免去岳飞的枢密副使一职。

宋高宗看到这封弹劾信后，也没有多想，就相信了信中所说的。其实是宋高宗"不愿意"去考虑，这封弹劾信给了宋高宗一个理由。宋高宗对秦桧说："我上次听张俊说岳飞曾提过楚州城守不住的事情，没想到是真的。岳飞现在竟然这样，我也就没有什么倚重他的必要了！"

由于岳飞军功卓著，高宗也并没有做出什么具体的处罚决定。被解职后的岳飞带着岳云一起回到了江州。

岳飞被罢官之后，宋金双方再次进行和谈。绍兴十一年八月，兀术将扣押在金营中的南宋使者放回，让他们向宋高宗和秦桧传达一封书信：在南宋朝廷内部仍有人阻止议和，如果这种情况继续下去，金廷还将发兵南下，希望南宋朝廷思考该怎样做才最好。

这封书信实际上是威逼宋高宗加紧镇压抗战派官员。宋高宗见到这封书信后十分惊恐，立即派光州观察使刘光远、成州团练使曹勋带着自己的亲笔信到兀术大营中哀求。兀术见信后，态度十分蛮横，指责赵构没有诚意，而且使臣职位太低，对金国不够尊重。高宗接到信后，又派吏部侍郎魏良臣等再次出使兀术大营，让魏良臣等口头说明让步的内容：以淮河为界划分两国疆土，淮河以北属金朝；宋国每年向金朝纳贡白银二十五万两，绢帛二十五万匹。如果有什么不妥的地方，一切听从兀术决定。

兀术对以淮河为界是满意的，但他仍然趾高气扬地反对以淮水为界，其实不过是故作姿态而已。经魏良臣苦苦哀求，兀术终于答应了赵构的要求，派昭武大将军萧毅等出使南宋，带去兀术信函一件，内容就是不杀岳飞，和谈无望。

赵构见信后十分满意，以君臣之礼写了回信，表示严格按照议和的内容办事。虽然双方以书信的形式确定了议和条件，但正式的和谈协议书尚未签订，为了早日迎接签约之日的到来，宋高宗赵构和权臣秦桧开始了迫害岳飞的行动。

恰巧这个时候，岳家军内部也出了一些问题，岳家军的将士们虽然个个勇猛无敌，但是常年征战沙场，难免会有争功之事的发生。有一个叫王俊的副统制，是一个最喜欢出卖同僚的小人，老想取悦秦桧、张俊。张俊听说岳家军中有这样一个无赖，就派人和他勾结，唆使他写了一份《告首状》，诬赖张宪要带兵到襄阳去造反。

张宪受到诬告之后，连忙从鄂州出发，找到张俊去诉说原委。张俊一向与岳飞不合，而张宪是岳飞的得力大将，于是张俊立马严刑拷打张宪，逼迫他承认是岳云的指示。然后，张俊对外宣告，王俊的《告首状》一切属实，张宪造反的背后主使是岳云，而作为罪状的岳云写给张宪的书信，已经被张宪烧掉了。

秦桧知道这件事情之后，心中十分高兴。这个时候岳飞还对此事毫不知情，秦桧为了早日除掉岳飞这个心中大患，于是立马派人前去抓岳飞，对质此事。

千古绝唱

"莫须有"罪名

绍兴十一年八月中旬，兀术放归扣押在金的宋使者莫将、韩恕，并叫他们带回一封恐吓信，高宗当然知道兀术的用意，金人并不是要真的发动攻势，而是让高宗赶快派人去求和，但是之前金人也说过，要想求和就必须把岳飞先除掉。

兀术一面发信，一面假装发动攻势。南宋的泗州很快被金军攻陷了。但是高宗并没有派遣张俊前去增援，高宗明白兀术只是在上演一场"武戏"让他尽快解决掉岳飞。然后"遣使者，以修事大礼"，必定无事。

岳飞身在庐山总是心神不宁，不久之后就听说朝廷派遣杨沂中来了，心中就更加不安了。但他仍然像往常一样接待了杨沂中。

岳飞问道："什么风把你吹来了？"杨沂中支吾着说不上话来，最后还是把秦桧亲手交给他的"堂牒"递了过去。

岳飞看着"堂牒"，陷入了沉思中。这时，丫鬟捧出托盘，向杨沂中献上了一杯酒。杨沂中产生了怀疑，这是毒酒，还是美酒？难道岳飞看出了自己来传堂牒的不良企图？最后，杨沂中还是强作镇定地将酒喝干了。

为了让岳飞放心，他还补充道："他们虽然入狱，但没什么大不了的，只是要你去朝廷对证一下就好。"

岳飞相信张宪和岳云的品行。他觉得只要自己出面对证一下，应该就会相安无事。岳飞不相信有人会害他，因为他一生犬马地为国家打仗，从没有过二心。这样的人，国家还会除掉他？

岳飞同王横带着四名家将，离了庐山，向临安进发。走了几天，岳飞五人来到瓜州，渡过长江，来到京口，又走了两三天，来到平江。岳飞忽然看见对面来了一队人马，为首的是冯忠、冯孝，带领校尉二十名，双方正好撞个正着。原来，他们是奉了秦桧的密令，来假传圣旨，拘拿岳飞的。冯忠当即宣旨："岳飞官封显职，不思报国，反而按兵不动，克减军粮，纵兵抢夺，有负君恩。立即押解来京，候旨定夺。"王横听了气得环眼圆睁，双眉倒竖，喝道："俺随元帅征战多年，别的功劳不说，朱仙镇上二百万金兵就被我们杀得片甲不留，如此大功不仅不赏，怎么反要受罚？哪个敢动手的，先吃我一棍！"岳飞忙喝住王横，要自刎表明心迹，四个家将慌忙一齐上前抱住。王横见了失声痛哭，冯忠乘机提起腰刀来砍王横。王横正要反抗，又被岳飞喝住，结果被众校尉乱刀砍死。岳飞悲痛欲绝，扑到王横的尸体上，求冯忠给一口棺木盛殓。冯忠让地方官将王横埋葬了，一面暗暗将秦桧的文书传递给各地方官府，禁止往来船只盘诘，不许走漏风声；一面将岳飞押上囚车，解往临安，送往大理寺狱中监禁。

到了大理寺之后，几个狱吏从屋子里走出来，不由分说地催促岳飞到了一处厅堂。他走进内屋，眼前的景象惨不忍睹：岳云和张宪被绑在屋里，头戴枷锁，上身赤裸，浑身鞭痕，不断地呻吟着。

岳飞简直无法相信自己的眼睛，心如刀绞，满腔悲愤。这时，一个狱吏用杖子击地，向着岳飞大吼一声。

岳飞这才明白，原来自己已不再是十万雄师的统帅，而是阶下的囚犯。岳飞不禁仰天长叹："我为国家如此效力，却被送到这里受审，这究竟是为什么？"

岳飞一案最初由御史中丞何铸和大理寺卿周三畏主持。岳飞进到大堂，张宪和岳云的惨状还历历在目，面对这严酷的事实，岳飞迅速冷静下来，认真地听取何铸、周三畏的讯词，又有理有据地一条一条

千古绝唱

地驳斥王俊的诬告。审判官最后都无言以对。

当何铸要他交代"谋反的罪行"时，岳飞一气之下撕开衣裳，祖露出征战沙场的遍体伤疤和背部深入肤理的"精忠报国"四个大字，何铸顿感震惊。他曾经接受秦桧的指使弹劾岳飞，但是他良心未泯，在接受这个案件时，曾仔细地审阅卷宗，觉得没有一条罪名是能成立的。现在又看见岳飞背上的"精忠报国"四个大字，他终于醒悟过来：岳飞是无辜的，不能再审理这个冤案了。他找到秦桧，建议终止审讯。

在审查了王俊的《告首状》以及案子相关文件之后，何铸认为岳飞无罪，纯属诬告。他把自己的判决告诉秦桧。秦桧听了，勃然变色道："这是皇上的意思！"

大理寺卿周三畏闻讯仰天叹息："得宠思辱，居安思危。岳飞功勋卓越，反而受到奸臣的陷害。我不过是一个大理寺正卿，根本斗不过秦桧这个权臣奸相。可我若冤枉岳飞，不仅良心不安，也会遭千载唾骂。罢了，罢了，不如弃了官职，隐迹埋名吧。"拿定了主意，周三畏暗暗收拾行囊细软，到了五更，带了家眷及几个心腹家人，逃出临安。第二天一早，秦桧听说周三畏挂冠逃走了，气急败坏，立即派人缉拿，随后又派人去请万俟卨、罗汝楫。

那万俟卨本是临安府一个通判，罗汝楫是个同知。这两人都是秦桧的走狗。两人听说是秦桧有请，连忙坐轿来到秦桧的相府。秦桧将周三畏挂冠逃走的事说了一遍，悄悄吩咐他们："老夫保举二位代理此职，继续审问此案，必须严刑酷拷，让他招供。如果你们结果了他的性命，另有升赏。"二人谢恩拜别。第二天，秦桧将万俟卨升做大理寺正卿、罗汝楫升做大理寺丞，二人即刻上任。

万俟卨是一个奸诈小人。当初他曾在岳飞手下做过事，岳飞斥责过他的心术不正，他知道在岳飞手下难以升迁就投奔了秦桧，很快得到秦桧赏识。他接受审理岳飞的任务之后，认为泄私愤、求升迁的机会到了，便把一切卑鄙伎俩全都施展出来。

万俟卨伪造的证据摆在桌上，呵斥岳飞："国家究竟哪里亏待你了？你们父子竟然要跟张宪一起谋反？"

岳飞听了，气得血都涌了上来，高喊着："我对天发誓，我对国家忠心不二！"

万俟卨又质问："你说你无心造反，却在游览天竺寺的时候，写上'寒门何日得载富贵'的话，这不是有非分之想，又是什么？"

本是诗兴大发，才在壁上题词，如今却被这帮东西歪曲为对国家存有二心！岳飞的愤恨之情难以诉说。

到了这个地步，岳飞只有长叹一声，悲哀地说道："我现在才知道自己已经落入秦桧之手。我对国家的忠心，已经成了犯罪！"

说罢，也不再辩解什么，任凭狱卒们拷打逼问。

万俟卨见岳飞不肯承认，叫道："左右先给我打四十大板！"左右一声吆喝，重重地打了岳飞四十大板，把岳飞打得鲜血迸流，死去活来，但岳飞始终咬紧牙关，一声不吭。二贼再命人用檀木夹，夹得岳飞的手指指骨碎裂，还命人用杖狠打，打得岳飞头发散开，但岳飞就是不肯招认。二贼没有办法，到了天黑，只得命狱卒先将岳飞收监，等明天再审。

万俟卨、罗汝楫私下里商量了一番，又弄出一些叫作"披麻问""剥皮拷"的新刑法来折磨岳飞。二贼连夜将麻皮揉得粉碎，鱼胶熬得烂熟，准备好了。第二天审问时，万俟卨喝道："岳飞，将你按兵不动、意图谋反的事快快招来，免得受皮肉之苦！"岳飞不卑不亢地说道："我一生立志恢复中原，以雪靖康之耻。先前在朱仙镇与韩、刘几位元帅打败金兵二百多万，只待进兵燕山，直捣黄龙了，不想圣上连用金牌十二道召我回来，我哪曾按兵不动？我如果真克减了军粮，将士怎么可能不起反叛之心？我岳飞一片忠心，唯天可表！"万、罗二贼见岳飞还是不肯招认，便喝令左右脱掉岳飞的衣服，在他身上敷上一层鱼胶，又粘上一层麻皮。一会儿工夫，岳飞身上已经粘上好几处麻皮，二贼再问："岳飞，你招不招？"岳飞喝道："你今天害死我，我化为厉鬼，也要杀了你们！"二贼听了大怒，吩咐左右："给我扯！"

千古绝唱

左右把麻皮一扯，连皮带肉撕下来一大块。岳飞大叫一声，顿时晕了过去。左右连忙用水把他喷醒，准备再次逼供。岳飞刚醒过来，万俟卨又叫道："岳飞，你再不招，叫左右再扯。"岳飞大声叫道："我死了也就罢了，希望岳云、张宪不要坏了我一世忠名才好！"

岳飞有生以来第一次彻底明白了"欲加之罪，何患无辞"这句话的真正含义。他顿然醒悟了，也沉默了，任凭万俟卨如何施刑，他也不肯招认，也不再辩解。在以后屡次的审讯中，尽管万俟卨用尽酷刑，也仍然无济于事。

在这段时间内，秦桧一伙人还不断对韩世忠进行弹劾。韩世忠最清楚，岳飞被定下的罪行全部是诬告。他曾经质问秦桧："王俊在《告首状》中陈述的事情，究竟有哪些是可信的？"

秦桧含糊地回答："莫须有（意指，那些事情虽然不是很清楚，但大概也是有的吧）！"

韩世忠愤愤地说道："莫须有，能够服天下吗？"韩世忠虽然没有被打进监牢，但他从此以后，"杜门谢客""绝口不言兵"，骑驴携酒，日游西湖，最爱灵隐，以游山玩水消愁解闷。然而，浊酒一杯，浇不灭韩世忠心头的怒火，他忧心如焚地关注着岳飞冤狱，度日如年。韩世忠担忧国家的前途，担忧忠臣良将葬送在昏君奸臣手里！

岳飞在狱中受尽酷刑，也没有承认自己和岳云、张宪想要造反的事。他始终坚持说，一切都是别人捏造出来陷害自己的。岳飞甚至还绝食，表示抗议。

万俟卨急欲将岳飞父子及张宪铸成"谋反罪"，虽然用尽了心机，施尽了刑罚，但从十月十三日把岳飞投进监狱起，到十一月十七日，仍然搞不出一条足以成立的"谋反罪"证。万俟卨开始慌起来了，他们忧愁没有定罪的材料可以了结案件。

岳飞下狱的这一个月，正是宋金两国派遣使者频繁接触，谈判和约最忙碌的日子。十一月七日，兀术放扣押多年、已变节降金的南宋使臣魏良臣等人还宋，并批准了南宋主动提出的议和条款：

一、宋金疆界，东以淮水中流，西以大散关为界。宋割唐、邓二州及商、秦二州之半归金。

二、宋向金称臣，每年向金纳贡银子二十五万两，丝织品二十五万匹。

金使者萧毅随同魏良臣至宋，和约顺利签订。十一月下旬，高宗正式宣布"大金国已遣使通和"。从此官方文件统称"大金"，不得斥骂"虏寇""夷狄""仇敌"等。

万俟卨对于岳飞死不认罪的行为十分无奈，后来他想出了一个计谋，他把岳飞的次子岳雷找来，到狱中服侍父亲。这实际上是对岳飞进行胁迫：你如果再不供认，我就抓了你一家！

从岳飞口中听不到想要的，万俟卨就又串通王俊，让他提供其他的罪证。于是王俊又"挖掘"出了岳飞的种种新罪状。首先是几年以前，岳飞被朝廷擢升为节度使时，由于年轻气盛，一时向人道："我三十二岁就成了节度使，自古少有。只有开国的太祖皇帝，是在我这个年龄做了节度使的。"

第二是岳飞与部将议事时扬言："国家今天景况不好，官家又不修德"，显然是攻击当朝皇帝；第三是岳云曾致函张宪，要张宪设法把岳飞弄回军中来，意图谋反。

他们抓到这个罪证，欣喜若狂，又使用酷刑逼迫张宪承认曾经亲耳听岳飞说过，并把这定为岳飞一桩严重的罪行。

岳飞并不知道，自己的许多无心之话，已经变成别人处死他的证据，正在悄悄地威胁到他的生命。

南宋爱国军民满怀悲愤，他们对皇帝、宰相的投降决策，敢怒而不敢言，对岳飞的冤狱暗中愤愤不平。独有一个住在南剑州的布衣（没有做官的读书人）范澄之，在《上高宗书》中大义凛然地斥骂高宗、秦桧"媚虏急和"："昨睹榜示，遽以枢密行府见勘张宪，其谋有累于岳飞，遂逮系诏狱，连及妻子。天下之人，不知岳飞之罪，又畏扇摇之诛，莫不顾盼相视，彷徨不能去，如病暗之人，终日茹苦而不敢吐，何者？事出于疑似之间，而圣人难知者也。……陛下方当迅雷震霆之怒，势不及于掩耳，而天下之民……不敢为陛下言……宰辅之臣媚房急和，又决不为陛下言，是陛下卒不得而临照之。"

这个与岳飞素不相识的读书人的看法，正反映了当时南宋军民的普遍心理。他们根本不相信岳飞有罪，而认为这是冤狱，是宰相和一些大臣一手操纵的诬陷，甚至认识到这个冤狱的兴起与媚房求和有密切的因果关系，与这个决策的裁夺者皇帝有关系。范澄之所说的意思是老百姓心事重重，彷徨不安，人民不敢讲出心里话，只好沉默，因为对一个位列将相的岳飞都可任意地投入监狱，那平民百姓又怎能不害怕呢？

范澄之的话不幸而言中，只因他上书揭露了事实，后来果然获罪被"窜死"！刚遭耿著事件打击的韩世忠，心里明白岳飞冤狱只是耿著事件的翻版，他万分气愤，但又无可奈何，只好期待着事态向对岳飞稍微有利的方向发展。

岳飞入狱之后，曾有一个叫隗顺的狱卒无微不至地关照着岳飞。另一位狱卒点化岳飞说："我一直认为岳飞是忠臣，今日一看，竟然是逆臣！"岳飞不明其意，一再追问。这位狱卒说："你精忠报国，功绩卓著，毫无不忠之处，却遭此残酷对待，你被释放之后，一定会感到冤屈而造反，一造反岂不成为逆臣？"这句话的意思是说，你的冤案要一冤到底，不可能留你的活命，应该早做打算。岳飞不知是否理解了狱卒的点化，但是，狱卒的话肯定触动了他的神经，他悲愤填膺，从此之后只求速死。

在岳飞被捕期间，有很多官员和百姓上书朝廷，说岳飞无罪，请求朝廷明察案情，给予释放。齐安郡王面见赵构，恳求释放岳飞，自愿以全家百余口人的性命做担保。进士智浃和布衣刘允升、范澄等分别上书高宗，为岳飞鸣冤。范澄明确指出，"将帅之间互相残杀，无异于为逆贼报仇"。参与审判岳飞案件的大理寺少卿薛仁辅和大理寺丞何彦猷、李若朴维护公道，力主保全岳飞的性命。

但是赵构都不为所动，他和秦桧已经泯灭了良心，他们千方百计地罗织罪名，要置岳飞于死地。

万俟卨把审讯人员召集在一起，商讨应该给岳飞判处什么刑罚。

由于意见不一致，判决书没有炮制出来，此时已经是腊月二十九日，快要过年了，家家户户都洋溢着喜气。只有秦桧还深锁眉头，为岳飞一案的拖延未决而一筹莫展。

秦桧的老婆王氏，是一个比秦桧还要心狠手辣的人，那天，正是腊月二十九日，秦桧同夫人王氏在东窗下烤火饮酒，忽然有家将送进来一封密信。秦桧拆开一看，原来是心腹家人徐宁从外地递来的一张民间传单。一个叫刘允升的百姓，悄悄写了岳飞父子受屈经过的传单，挨门逐户地分派，准备约定日子上万民书请愿，要替岳飞申冤。秦桧看了，双眉紧锁，十分愁闷。王氏忙问原因，秦桧将传单递与王氏，说："自从我因假传圣旨将岳飞父子抓进监狱，民间都说他受了冤屈，想要上万民书。倘若这事传入宫中，岂是儿戏！如果放了他，又怕违了四太子之命，因此疑虑不决。"王氏将传单看了看，立即投入香炉中，用火钳在灰上写下七个字："缚虎容易纵虎难。"秦桧看了，点了点头，把字迹抹平了。

正在这时，万俟卨派人送来黄柑给秦桧解酒。秦桧收了，吩咐丫鬟剖来下酒。王氏道："不要剖坏了！这个黄柑，就是杀岳飞的刽子手！"秦桧问："这话怎么说？"王氏说："将这柑子掏空了，写一张小票藏在里边，叫人转送给万俟卨，叫他今夜在风波亭结果了岳飞三人！这桩事不就完结了吗？"秦桧大喜，立即叫人去办。

大理寺狱官倪完是个忠厚正直的人，对岳飞三人十分照顾。这一天是除夕夜，倪完特地准备了一桌酒菜，亲自送到岳飞房内，岳飞谢了，倪完便在旁边坐下相陪。他们一边喝酒，一边闲谈，忽然觉得寒气逼人。倪完起身一看，原来外面下起了雨夹雪。岳飞想起自己一心精忠报国，却遭此牢狱之灾，心中凄苦，便叫倪完取过纸笔来，修书一封，递给倪完道："恩公，如果我死了，请恩公前往朱仙镇，那儿有我的好友施全、牛皋护着帅印，还有一班弟兄们。他们个个是英雄好汉，如果他们得知我的死讯，必做出不忠不孝的事来。恩公，一则救了朝廷，二来也成全了我岳飞的名节！"

倪完接过书信藏好，说道："如果元帅有什么三长两短，小官也不贪恋这点俸禄，带了家眷回乡去。小官家离朱仙镇不远，一定将书信送去！"

在绍兴十一年（公元1141年）的十二月二十九日，万俟卨等通过秦桧，匆匆报上一个奏折，要将岳飞处斩。

高宗将大理寺的定案报告进行了修改，将岳飞的"斩刑"改为"赐死"，将岳云的判决由三年徒刑改为死刑，暴露出高宗对岳飞父子无比的仇恨心理。

约莫二更之后，一个狱卒轻轻地走过来，在倪完耳边说了几句，倪完一听，脸色大变。岳飞忙问："发生了什么事，这么惊慌？"倪完知道瞒不过，只得跪下，说圣旨下来了，叫岳飞父子到风波亭去接旨。岳云、张宪知道大限已到，不甘心乖乖受死，但被岳飞喝住。狱卒上来将他三人捆住，押往风波亭。

接着，岳飞接过狱卒手中的毒酒，一饮而尽。张宪、岳云当即绑赴刑场斩首。就在这一天，即农历除夕前一天，历史上的伟大民族英雄岳飞，在临安大理寺中遇害，时年三十九岁。岳云仅二十三岁。

从此再也没有那个一心想要"精忠报国"的岳飞了，皎洁的月光，委婉凄凉，诉不尽这悲愤的伤，收复中原也成了一个梦，一种奢侈。一个"莫须有"的罪名，让一个沙场上令敌人闻风丧胆的大将就这样陨落了。

公道自在人心

岳飞作为抗金名将，"中兴四将"之首，投身于十多年的抗金斗争，没有壮烈地牺牲在战场上，却死在投降派的屠刀之下，这是岳飞的悲剧，也是南宋爱国军民的悲剧。

谁会想到，这样一个英雄，在大业快成之时，得到的却不是朝廷的嘉赏，而是被"十二道金牌"令召回，最后因"莫须有"的罪名含冤而死在风波亭内。

岳飞被害的消息传开后，举国上下莫不悲痛，大街小巷随处可以听见百姓对于秦桧的咒骂。北方中原人民在金朝统治下，不能公开祭奠岳飞忠魂，人们偷偷张贴岳飞遗像，秘密进行祭祀。

岳飞的死，切断了他们收复河山的愿望，从此，南宋爱国的人民，只能在梦中，在诗中，寄托恢复中原、统一祖国的心愿，正如爱国大诗人陆游绝笔诗中所写的："死去原知万事空，但悲不见九州同。王师北定中原日，家祭无忘告乃翁！"

"三万里河东入海，五千仞岳上摩天。遗民泪尽胡尘里，南望王师又一年！"（陆游《剑南诗稿》卷二十五《秋夜将晓出篱门迎凉有感》）

岳飞死后，按规定，尸体应该埋在大理寺监狱的墙角下。一个好心的狱卒隗顺冒险背着岳飞的遗体，走出临安城西北的钱塘门，偷偷埋葬在九曲丛祠旁，坟前种两棵橘树，作为标记。坟前立了"贾宜人之墓"的假墓碑，以便日后岳飞的后人认尸改葬。

岳飞父子和张宪被害后，临安城内到处都有人为他们鸣冤，不少人为此泣不成声，连妇孺幼童都痛骂秦桧，一时之间，骂声漫天。为了封住天下人的口舌，秦桧下令把岳飞的罪状写成告示，布告天下，用来表明岳飞的死是有原因的。但是，告示贴到哪里，哪里就出现一片咒骂秦桧之声。大街小巷写满了对秦桧等人的咒骂。人民通过各种形式的悼念活动，表达了对岳飞父子的深刻同情和对高宗、秦桧迫害忠臣的强烈怨恨。在岳飞死后好几十年，江、湖之地的百姓，依然家家户户张挂岳飞的遗像，民间还流传着很多歌颂他的故事。

在岳飞被杀以后、高宗继续当政的二十年中，南宋朝廷里再没有人敢提北伐中原、恢复失土，再没有人敢议论议和为失策，抗战派被钳住了口。这时，抗金派大将韩世忠去职，吴玠已死、刘锜调任，正是罢的罢，杀的杀，死的死，调的调，有影响的抗金将领被一扫而光。但高宗、秦桧并不就此罢休，在杀害岳飞后，还在朝廷中进行彻底的清洗。已经被斥罢的抗金派大臣张浚、王庶一贬再贬；反对绍兴和议的将领解潜、辛永宗贬窜至死；沿江安抚大使刘子羽因对宋金和议表示不满而被罢职；知商州邵隆因反对将商州割属金国，并派兵袭击金占领军，后被秦桧遣人毒死。甚至连前宰相赵鼎，因说了句"和不可成"而一罢再罢，迫害致死。到了绍兴十二年（1142年）冬，离岳飞遇害不到一年，所有反对过和议的文武官员，几乎都遭清算。但是，秦桧党羽罗汝楫还叫嚷："论异议之人，尚有偶逃宪纲者，张戒是也。"于是，张戒终于逃不脱投降派布下的天罗地网，也被罢了官。

为了消除后患，秦桧又大兴冤狱，冤狱涉及所有与岳飞有瓜葛的人：岳飞全家和张宪全家都被流放到边远地区；岳飞的贴身校官王敏求等都被除名；曾任岳飞谋士的李若虚等十三人都被贬官流放；曾经帮助岳飞联络太行义士的高颖也被流放；以全家性命为岳飞担保的齐安郡王被革除爵位，赶出临安；王处仁、蒋世雄被革职、流放；进士智浃被流放致死；李若朴、何铸先后被罢官；甚至连受过岳飞接济的宦官黄彦节也被视为岳飞的死党而遭逮捕。

忠孝双全

岳

飞

在抗金派遭到摧残的同时，投降派纷纷升擢，晋爵加官，充塞朝廷。秦桧已经独相，官职不能再升，高宗给秦桧加太师衔，封他为魏国公。高宗极力赞许张俊，说他"有和敌功，与世忠相去万万"，为此，封张俊为益国公；死后还特封他为"循王"，这是南宋破例进封的第一个异姓王。对杨沂中，高宗加封他为少保，位列"三公"，并赐名"存中"。杨沂中死后，也追封为"和王"，备受宠荣。对卖力陷害岳飞的万俟卨，高宗提升他为参知政事（副相）。凶恶的爪牙罗汝楫被升为高宗侍读、御史中丞。从此，以高宗、秦桧为核心的投降派，牢牢地控制了南宋朝廷。

岳飞的死，是南宋政治、军事的巨大转折点。从此以后，南北分裂的政治局面形成，不可逆转，给统一的、多民族国家的发展带来了十分不利的影响。二十多年后的隆兴元年 (1163 年)，宋孝宗赵昚怀有北伐的雄心，曾起用了抗金老臣张浚，派兵十三万北伐。但是由于当时的军队素质已经变了，军无良将，兵多弱兵，遂酿成"符离之败"，就是明证。

得知岳飞死了，兀术非常高兴，立即批准了原先议定的宋金和约，派使者到临安签约，和约规定，金朝正式册封康王赵构为宋朝皇帝；宋向金称臣；金归还宋徽宗遗骸和赵构生母韦氏；宋金以西起大散关、东沿淮河中线为界；割让唐州、邓州、商州、泗州和尚原、方山原等地给金国；宋每年向金纳贡银二十五万两、绢二十五万匹。

长期分裂的局面，给南北经济发展带来了严重的影响。特别是全国经济发展重心的中原和关隘之地，在受到严重的战争破坏后，又处于金人野蛮、落后的统治之下，生产萎缩，土地大片荒芜。13 世纪初，由于金人"刷地"（疯狂地掠夺汉人土地）的结果，使原有耕地为一百九十万顷的河南，实际耕种的田地下降到九十六万余顷，一半以上都荒废了。一面是肥沃土地任其荒芜，一面是世代耕种的农民无地可种，到处流亡，这样尖锐的矛盾，造成了对社会生产力的极大破坏，严重地阻碍了社会经济的正常发展。

1155 年，岳飞遇害后十四年，秦桧病死，从这时起，为岳飞平反的声音又响起来。为了平息舆论，赵构临退位前下达诏令，解除对岳飞遗属的处罚，允许他们离开流放地自由选择生活地点，但绝口不提为岳飞平反的事。

岳飞死后二十多年，即绍兴三十二年 (1162 年) 六月，主张抗金的宋孝宗即位，不同于"父亲"的懦弱，宋孝宗倒是一个有志青年，他希望赶走金兵，收复失地，一报耻辱。宋孝宗接见了岳飞的儿子岳雷，在大殿上深切地说道："岳飞受到的冤枉和迫害，我知道，天下也都知道啊！"

为了顺应民心，接受太学生程宏图"昭雪岳飞之罪"的奏请，七月便颁诏为岳飞平反。南宋嘉泰四年 (1204 年)，朝廷追赠岳飞为鄂国公，食邑六千一百户、食实封二千六百户。赐谥"忠武"，配享太庙。孝宗下令寻找岳飞遗体，按王礼迁葬于西湖边的栖霞岭下，即今天的杭州岳墓所在地。隆兴二年 (1164 年)，朝廷赐建智果院力褒忠衍福寺，即今天岳王庙的前身。宋孝宗还下令在鄂州给岳飞建"忠烈庙"，后又追加谥号为"武穆"。

"三十功名尘与土，八千里路云和月"，这十四个字就是岳飞短促而悲壮的一生的写照。

后人为了纪念岳飞坚贞不屈和忠勇为国的精神，将这座寺庙修成一座岳王庙，还在这儿筑了坟堆，供人凭吊。身着紫色蟒袍、臂露金甲的岳飞塑像，凛然一股不怒而威的气派。在岳飞的坟旁，人们用铁铸成秦桧夫妇的跪像，让他们永世受后人的唾骂。虽然最后岳飞的冤屈得以昭雪了，但是对于这位民族英雄来说，自己收复中原的大志，算是终身的遗憾，只能成为一个梦了。

附录

岳飞生平大事年表

岳飞生平大事年表

崇宁二年（1103 年），岳飞出生。

政和四年（1114 年），拜陈广为师。

靖康元年（1126 年），枢密院官刘浩在相州募敢死义士，岳飞应募。

建炎四年（1130 年），四月，诏令收复建康。败金人于建康东南三十里的清水亭。又败金人于新亭。

绍兴四年（1134 年），五月，襄阳陷落，岳飞出师。六月，岳飞挥师北伐，收复襄阳六郡。八月，岳飞为清远军节度使。九月，金、伪齐合兵南侵淮西，岳飞奉诏出师，败金人于庐州，金人退师。

绍兴五年（1135 年），二月，受镇宁崇信军节度使，封武昌郡开国侯。六月，平定杨幺之乱。

绍兴六年（1136 年），三月，徙镇武胜定国军节度使。八月，北伐收复商州、虢州。十一月，伪齐进犯江汉，岳飞破伪齐加兵宛、叶之间。

绍兴七年（1137 年），二月，拜太尉，升宣抚使。

绍兴十年（1140 年），五月，金人背盟南侵。六月，岳飞出师北伐，复颍昌府、河南府等十余州郡。先后取得郾城、颍昌、朱仙镇等大捷。但因班师回朝，所得州郡又陷于金国。

绍兴十一年（1141年），一月，金国再犯淮西，岳飞领八千骑兵驰援淮西。十月，下狱大理寺。十二月，被赐死于大理寺。

绍兴三十二（1162年）年，追复岳飞原官，以礼改葬。

淳熙五年（1178年），赐岳飞谥曰"武穆"。

嘉定四年（1211年），追封"鄂王"。

宝庆元年（1225年），改岳飞"武穆"谥号为"忠武"，又赐太师。

忠 孝 双 全